遅れのある子どもの身辺処理支援ブック

1 子ども支援の基礎・基本
2 排泄に関する支援
3 衣服に関する支援
4 清潔に関する支援
5 食事に関する支援

坂本 裕 著

明治図書

ま え が き

　知的障がいのある子ども達の教育の学徒を志したのは1979年，養護学校義務化の年でした。養護学校の義務化によって，これまで就学猶予や就学免除の対象になっていた障がいの重たい子ども達への教育の門戸が開かれました。そして，子ども達の身辺処理にかかわる取り組みが重要な教育課題の一つとされました。教育専門誌にも身辺処理にかかわる特集号が幾度となく組まれ，実践報告も数多くなされました。ところが，21世紀を迎える頃から，身辺処理にかかわる特集号や実践報告が少なくなり，身辺処理を研究課題として掲げる養護学校を耳にすることもほとんどなくなりました。

　しかし，近年，特別支援学校や特別支援学級において教師に決まった時間になったらトイレに連れて行かれている子どもの姿を目の当たりにしたり，幼稚園や保育所，認定こども園の先生方からおむつの外れない子やおねしょのある子の相談を受けたりすることが多くなってきました。

　そのような中，教員免許状更新講習において身辺処理にかかわる講座を開講すると，多数の受講希望がありました。そして，受講生の方々から，「排泄だけでなく，衣服の着脱，入浴，偏食などの支援もどうやってよいか分からない」「支援の参考になるような図書がなくて困っている」などの声が寄せられました。

　このような状況を明治図書出版編集部　及川　誠さんにご相談したところ，その重要性・緊急性を理解いただき，本書の出版と相成りました。遅れのある子ども達の教育に携わっていらっしゃる先生方に本書を手にしていただき，子ども達の日々の生活の質がより高いものになっていくことの一助になればと願っています。

　2014年夢見月

坂本　裕

遅れのある子どもの身辺処理支援ブック／目次

まえがき

1章 子ども支援の基礎・基本

- Q1 発達障がい（なぜ，中途障がいと対比して考えるとよいのですか？）… 10
- Q2 知的障がい（なぜ，学びの特徴から考えるとよいのでしょうか？）… 11
- Q3 自閉症（支援においてまず押さえることはどんなことですか？）… 12
- Q4 ほめることの大切さ（叱るよりほめろと言われるのはなぜですか？）… 13
- Q5 ほめ上手（どうやったらたくさんほめることができますか？）… 14
- Q6 受け止めの違い（同じにほめても反応が違うのはどうしてですか？）… 15
- Q7 子どもの頑張り（一人でできた時だけほめることでよいのでは？）… 16
- Q8 ほめる期間（やめる・やめないの発想ではないと聞きましたが？）… 17
- Q9 叱責の限定性（叱ることは難しいと聞きますがどうしてですか？）… 18
- Q10 叱責の逆効果（おとなと子どもの思いにずれがなぜ生じるのですか？）… 19
- Q11 正しい叱り方（叱る時には子どもに何を伝えるとよいのでしょうか？）… 20
- Q12 ラポート（信頼関係ができる・できないではないと聞きましたが？）… 21
- Q13 やめてほしい行動（子どもの立場から考えるとよいのはなぜですか？）… 22
- Q14 成功経験の大切さ（失敗経験はなぜさせない方がよいのですか？）… 23
- Q15 必然性の大切さ（疑似体験は実生活になぜつながらないのですか？）… 24
- Q16 性格（具体的行動で考えるようにと聞きましたがどうしてですか？）… 25
- Q17 発達の順序性（発達検査の項目順にできなくてもよいのですか？）… 26

- Q18 多面的な理解（なぜ，教員の目だけで理解してはいけないのですか？）… 27
- Q19 家庭の事情（家庭によって取り組みの進度が異なるのはなぜですか？）… 28
- Q20 保護者の思い（自分の子どものことを理解していただけないのですが？）… 29
- Q21 子は鎹（なぜ，親の行動から子どもを理解するのが大事なのですか？）… 30
- Q22 家庭との関係性（なぜ，無理をしないことを最優先にするのですか？）… 31
- Q23 問題行動（子どもの気持ちの表れと聞きましたが，なぜですか？）… 32
- Q24 同時にできない行動（やってよいことの提案が重要なのはなぜ？）… 33
- Q25 知能検査の活用（支援につなげるにはどうしたらよいのですか？）… 34
- Q26 手順の分析（子どもと自分のやり方が違うのはどうしてでしょうか？）… 36
- Q27 プロンプト（新しいことを教える時にはどうしたらよいですか？）… 37
- Q28 言行一致（子どもが声かけとは違うことをやるのはなぜですか？）… 39
- Q29 視覚的援助（写真カードを使用する際に注意することはありますか？）… 40
- Q30 支援プログラム（背向型，順向型はどんな違いがあるのでしょうか？）… 41
- Q31 日による変化（できたり，できなかったりするのはなぜですか？）… 42
- Q32 継続的支援（特別支援教育では教師が評価の対象なのはなぜですか？）… 43

2章 排泄に関する支援

- Q33 基本的構え（どんなことに気を付けて取り組んでいくとよいですか？）… 46
- Q34 家庭との連携（家庭では自立している子がいるのですが？）… 47
- Q35 パンツ調べ（なぜ，乾いたパンツをほめるとよいのですか？）… 48
- Q36 排泄の間隔（定時排泄をすると頻尿傾向になるのはなぜですか？）… 49

- Q37 排泄の記録 (どんなことに注意して記録をするとよいのでしょうか?) … 50
- Q38 排泄のサイン (排泄のサインが要求語でないのはなぜですか?) … 51
- Q39 トイレへの誘い方 (どのように変化させていくとよいのでしょうか?) … 52
- Q40 トイレの工夫 (トイレ嫌いを防ぐための工夫はありますか?) … 53
- Q41 男の子の排泄 (立ち小便はどうやって教えたらよいのでしょうか?) … 54
- Q42 女の子の排泄 (必ず押さえておくポイントがありますか?) … 55
- Q43 排便の習慣化 (同じ時間に済ませるためにはどうしたらよいですか?) … 56
- Q44 トイレットペーパー (使い方をどうやって教えるとよいですか?) … 57
- Q45 おしりのふき方 (どんなステップを組むとよいですか?) … 58
- Q46 夜尿への対応 (どんな点を確認しながら支援を進めるとよいですか?) … 59
- Q47 トイレ以外での排泄 (配慮すべき点にはどんなことがありますか?) … 60
- Q48 トイレ拒否 (どんな点を確認してから支援を始めるとよいですか?) … 61
- Q49 便を漏らす子 (どんな原因が考えられますか?) … 62
- Q50 おむつが外れない子 (自然に外れることはないと聞きましたが?) … 63
- Q51 おむつの外し方 (どんな点に配慮しながら支援するとよいですか?) … 64

3章 衣服に関する支援

- Q52 家庭との連携 (どんな点を踏まえるようにするとよいのでしょうか?) … 66
- Q53 手順の一定化 (一人で着替えるようになる支援法はありますか?) … 67
- Q54 二種類の声かけ (どのように使い分けたらよいのでしょうか?) … 68
- Q55 支援プログラムの組み方 (注意する点はどんなことですか?) … 69

- Q56 ボタン（押さえるポイントにはどんなことがありますか？）………… 70
- Q57 ファスナー（押さえるポイントにはどんなことがありますか？）…… 71
- Q58 蝶結び（紐靴をはきたい子にどうやって教えたらよいですか？）…… 72
- Q59 カギホック・ホック（どんな点に注意して支援するとよいですか？）… 73
- Q60 パンツ（どうしたらおしりの下で丸まらないようになりますか？）… 74
- Q61 長ズボン（立ってはくためにはどんな手立てをするとよいですか？）… 75
- Q62 トレーナー・Tシャツ（どんな点を配慮するとよいですか？）…… 76
- Q63 カッターシャツ・ブラウス（どんな点を配慮するとよいですか？）… 77
- Q64 靴（自分からはくことができるように配慮することはありますか？）… 78
- Q65 靴下（一人ではくためにはどんな靴下を用意したらよいですか？）… 79
- Q66 手袋（一人ではめることはなかなか難しいように思えるのですが？）… 80
- Q67 雨具（購入する際にはどんな点に配慮するとよいのでしょうか？）… 81
- Q68 衣類の整理（運んでいるうちに崩れてしまうので困っているのですが？）… 82
- Q69 時間短縮（せかしても一向に早く着替えようとしないのですが？）… 83
- Q70 身だしなみ（どんな働きかけをしたらよいのでしょうか？）……… 84
- Q71 洋服選び（興味を持つようになるにはどんな支援が必要でしょうか？）… 85
- Q72 寒暖の調整（どのように教えていったらよいのでしょうか？）…… 86
- Q73 衣類へのこだわり（どんな点に配慮して支援するとよいですか？）… 87

4章 清潔に関する支援

- Q74 家庭との連携（どんな点を踏まえるようにするとよいのでしょうか？）… 90

- Q75 行動の成り立ち（手順の分析を行う時にどんなことを注意しますか？）… 91
- Q76 家庭への配慮（学校と家庭での手立ては異なると聞きましたが？）… 92
- Q77 体洗いの用具（体を洗う用具はどんな視点で選ぶとよいでしょうか？）… 93
- Q78 風呂場の道具（どんな道具を準備しておくとよいでしょうか？）… 94
- Q79 入浴のマナー（毎日の入浴で心がけておくことはありますか？）… 95
- Q80 体洗い（手順はどのようにして決めたらよいのでしょうか？）……… 96
- Q81 洗髪（顔濡れを怖がる子どももいますがどうしたらよいでしょうか？）… 97
- Q82 歯磨き（歯ブラシを口に入れることを嫌がらないようにするには？）… 98
- Q83 洗顔（一人でできるようになるために押さえるポイントは？）……… 99
- Q84 うがい（水を飲み込んでしまう子どもにどう支援したらよいですか？）… 100
- Q85 手洗い（どんなステップを踏んで教えていくとよいのでしょうか？）… 101
- Q86 鼻かみ（幼いうちにできるようになってほしいのですが？）……… 102
- Q87 爪切り（怖がらずに切ることができるにはどうしたらよいですか？）… 103
- Q88 ブラッシング（自分で髪を解くようになるコツはありますか？）…… 104
- Q89 生理（戸惑わないようにするためにはどうしたらよいですか？）……… 105

5章 食事に関する支援

- Q90 家庭との連携（まずは家庭の様子を知ることと聞きましたが？）…… 108
- Q91 咀嚼（どんなことに配慮するとよいのでしょうか？）………………… 109
- Q92 食器（どんな食器を購入するとよいですか？）……………………… 110
- Q93 スプーン・フォーク（どんなスプーンを購入するとよいですか？）… 111

- Q94　箸（どうやって持たせるとよいのかイメージが持てないのですが？）……113
- Q95　食べる姿勢（前屈みになる癖はどうすると治すことができますか？）……115
- Q96　袋開け（お菓子の袋の開け方はどうやって教えたらよいですか？）……116
- Q97　注ぐ・よそる（小学部から少しずつ練習したいのですが？）………117
- Q98　待てない（待てずに食べ始めてしまう子にはどうしたらよいですか？）……118
- Q99　立ち歩き（落ち着いて食事ができるようにどうしたらなりますか？）……119
- Q100 手づかみ（手づかみで食べないようにした方がよいと聞きましたが？）……120
- Q101 こぼし（どんな点に注意するとこぼさなくなりますか？）………121
- Q102 口ふき（自分からふくことができるようにはどうしたらよいですか？）……122
- Q103 適量（自分の食べきれる量を分かるようにはどうしたらよいですか？）……123
- Q104 選択（食べたい物を選べるようになるための支援はどうやりますか？）……124
- Q105 偏食（ムリムリ食べさせないでもよい支援法はありますか？）……125
- Q106 時間（早い子，遅い子がいますが，どうしたらよいですか？）……126
- Q107 外食（事前にどんなことに取り組んでおくとよいですか？）……127
- Q108 温かな食事（親が居ない時の食事の準備はどう教えたらよいですか？）……128
- Q109 コンビニ（どんなステップを踏んで教えていくとよいのでしょうか？）……129
- Q110 自販機（どんな点に注意すると自分で購入できるようになりますか？）……130

あとがき

> 本書に示した各エピソードは，筆者が担当した教育相談のケースなどを参考にして再構成したものであり，特定の個人や教育機関などを示すものではありません。

1 章

子ども支援の基礎・基本

Q1 発達がい

発達障がいとはどんな障がいですか？支援にはどんなことに気を付けるとよいのでしょうか？

　障がいは，視覚障がい，すなわち，"視覚機能に障がいを受けた"のように障がいを受けたその"機能"からとらえる場合と，発達障がい，すなわち，"発達期に障がいを受けた"のように障がいを受けたその"時期"からとらえる場合の二とおりあります。

　発達障がいは，『知的発達障害，脳性麻痺などの生得的な運動機能障害（身体障害），自閉症やアスペルガー症候群を含む広汎性発達障害，注意欠陥多動性障害（多動性障害）およびその関連障害，学習障害，発達性協調運動障害，発達性言語障害，てんかんなどを主体とし，視覚障害，聴覚障害および種々の健康障害（慢性疾患）の発達期に生じる諸問題の一部も含む包括的概念』*なのです。つまり，18歳までに何らか障がいを受けた場合は発達障がいであり，18歳以降に何らかの障がいを受けた場合は中途障がいとなります。なお，発達障がいを『自閉症，アスペルガー症候群その他の広汎性発達障害，学習障害，注意欠陥多動性障害』とする定義は，発達障害者支援法で示された我が国独自の法律・行政用語になります。

　発達期に生じた多様な障がいである発達障がいのある子どもへの支援には『知的障がいと同様の支援であること』『中途障がいとは質の異なるより多くの支援が必要であること』『一生涯の支援が必要であること』*といった3点が大切とされています。すなわち，実生活に密着し，成功経験を重ねていく支援，取り組んでいるこの必要性や目当てをわかりやすくする支援，その子のできる状況を周囲の者が確実につないでいく支援が不可欠となります。

＊日本発達障害学会『発達障害基本用語事典』金子書房　2008年

Q2 知的障がい

知的障がいとはどんな障がいですか？ 支援にはどんなことに気を付けるとよいのでしょうか？

　知的障がいは"知的発達の遅れ"とともに，"社会生活"に必要な技能の獲得が難しく"支え"が必要な状態が，発達期に生じた障がいです。そのため，知的発達障がいと称されることもあります。

　知的障がいのある子どもたちの学びの特徴として，『学習によって得た知識や技能が断片的になりやすく，実際の生活の場で応用されにくいことや，成功経験が少ないことなどにより，主体的に活動に取り組む意欲が十分に育っていないことから，実際的・具体的な内容が必要であり，抽象的な内容よりも効果的である』*ことが挙げられます。

　そのため，知的障がいのある子どもの支援においては，子ども自身がその必要性を実感しながら取り組むことができるように，実生活の場にて，成功経験を重ねていくことが大原則となります。例えば，買い物をできるようにと，小学校では算数セットの模擬硬貨を使って硬貨を見分ける練習から初めて，先生が指定した額を机の上に揃える，教室で模擬店を行うなどと積み重ねていくような取り組みが展開されます。しかし，知的障がいのある子にとって，形も色も重さも全く異なるプラスチックの模擬貨幣が本物の貨幣とはつながらないなどのため，なかなか実際の買い物まで至りません。それよりも，自分の食べたいおやつを買いに行くなどの実際の買い物において，お店の人に財布の中から代金を取ってもらうからはじめ，千円札を渡す，レジスターの数字をみて「500」より少なかったら五百円硬貨1枚を渡す，多かったら2枚を渡す，そして，百円硬貨…と，どの段階で終わっても子どもが一人で自分の欲しい物を買うことができるように支えていきます。

＊文部科学省『特別支援学校学習指導要領解説総則等編（幼稚部・小学部・中学部）』2009年

Q3 自閉症

自閉症とはどんな障がいですか？ 支援にはどんなことに気を付けるとよいのでしょうか？

　自閉症は，脳の働きに起因する障がいと考えられ，"人とのやりとり"が難しく，"ことば"をスムーズに使えず，活動と興味が"広がりにくい"などの状態が，生後30か月くらいまでに生じた障がいです。なお，高機能自閉症の高機能とは，知的な遅れがない状態を指します。親の養育態度が原因ではありません。

　自閉症の子ども達は，周囲の状況を理解することが難しいことが多く見受けられます。そのため，活動と場所を一致させ，その場が何の場所であるかをわかりやすくするような手立てがとても大事になります。この手立ては学校生活だけではなく，家庭生活，地域生活においても行っていきます。

　また，手順の変更などへの対応が苦手なため，生活の流れを整えることも重要になります。さらに，比較的理解しやすいとされる実物，絵，写真，文字などの視覚的援助を使い，生活の流れを本人自身も見通せるように工夫していきます。その際，具体物で次の活動まで示す段階から，文字で一週間のスケジュールを示す段階までを幅広く想定し，子ども一人一人の理解の状況に合わせていくことが原則となります。朝の会などで，写真だけで登校から下校までの流れを複数の子どもに一斉に示すようなことはあってはなりません。加えて，活動の終わりや区切りがわかりにくい子が少なくないので，終わった活動のカードを本人と一緒に裏返し，次の活動のカードを確かめるような取り組みも必要となります。

　なお，最初から人とのかかわりが苦手とせずに，個々の活動を活かした集団活動にて，同じ場所での活動や役割分担などを継続的に行い，周囲の状況や生活の流れを理解するように支えていくことも不可欠となります。

Q4 ほめることの大切さ

子どもと一緒に取り組むとき，ほめることが大切であるとよく聞きます。しかし，ほめないと自分から取り組まない子どもになってしまうことはありませんか？

　ほめることと，甘やかすことは決して同じことではありません。ほめることは"私はあなたが（頑張って）やったことを，私はわかっていますよ"という，子どもへのとても大切なメッセージなのです。そして，ほめることをメッセージと考えると，その量よりもタイミングがとても重要になります。

　ある中学校で"良いとこみつけ"と称し，生徒が頑張ったことをその場ではほめずに，コンピュータに記録・蓄積（データベース化）し，週末のホームルームで一週間分をまとめてほめる取り組みがなされました。教師は頑張ったことを量にして印象付けようとのねらいがあったようです。しかし，生徒にとっては，教師にいつも監視されているような気分になってしまいました。そのため，生徒のやる気はすっかり萎えてしまいました。

　頑張った時に，その場で，そして，その時に周囲の人から声をかけてもらったり，ほほえんでもらったりすると"自分のことを見守ってくれている""自分のやっていることをわかってもらえた"という気持ちになります。そんな気持ちの動きを子ども達の中に生み出すコミュニケーションの総称を，"ほめる"と考えてみてください。コミュニケーションですから，その投げかけが一方的なものであってはほめることにはなりません。相手が自分の投げかけをどう受け止めてくれるのかを真摯に考えることが必須となります。こうした取り組みこそが子ども理解となります。なお，こうしたおとなと子どもとの関係は，おとな同士の関係においてもとても大切なことになります。

Q5 ほめ上手

ほめることが大切とはわかっていますが、ほめることがなかなかできません。どうしたらほめることができますか？

（Q4）にて、ほめることは"私はあなたがやったことを、私はわかっていますよ"という、子どもへのとても大切なメッセージであり、相手が自分の投げかけをどう受け止めてくれるかが重要であるとしました。

初めて出会った子どもや、どうやってほめてよいかわからない子どもには、一緒に遊んだり、活動したりする中で、その子がやっていることをことばにしてみてください。例えば、座っている子に「上手に座っているね」、滑り台を滑っている子に「滑り台、いいね」、おんぶしてもらっている子に「おんぶされてるね」、砂場に黙々と穴を掘っている子に「穴を掘ってるね」などと声をかけ、にっこりするだけでよいのです。

ある保育所での、園庭を元気よく走り回っていて、先生が名前を呼んでもなかなか来てくれない男の子のエピソードです。呼んでも来ないので、担任の先生は、男の子が走っている前にタイミングを図って飛び出て、「○○くん、おいで」と言いながら、その子を胸で受け止めて、にっこり笑うようにしました。このことを繰り返すなかで、男の子は先生が名前を呼ぶと、にこにこ笑顔で先生の元へ駆け寄るようになりました。

ほめることを難しく考えずに、"私はあなたがやったことを、私はわかっていますよ"というメッセージと考えてみてください。そうすることで、子ども達の姿にはほめることがたくさんあり、声かけもたくさんできるようになります。

Q6 受け止めの違い

子ども達をほめていますが、子どもによって反応が全く異なります。どうしてなのでしょうか？

　人によって食べ物の好みが異なるように、人からの働きかけもその人の生い立ちや生活環境によって意味合いが大きく異なってしまいます。

　ある特別支援学校小学部で話しことばのない男の子と女の子にサイン言語を教えようとした際のエピソードです。缶に入れてある煎り大豆を食べたい時には、缶を指さして、両手を合わせてちょうだいのサインを教師に要求すると、大豆を一粒をもらえる設定。二人とも程なくちょうだいのサインができるようになったので、教師から「食べて良いときは指で○のサイン」「食べたらだめな時は指で×のサイン」が示されるようになりました。○のサインのときの二人の対応はこれまでと一緒だったのですが、×のサインが出たときの対応が全く異なりました。女の子は自分から教師に×のサインを返し、残念そうなそぶりを見せながらその場からいなくなりました。それに対し、男の子は怒りだし、教師を押しのけ、缶に入った大豆を一度に全部食べてしまったのでした。

　教師にとってはたった大豆一粒だったのかしれません。また、自宅生活で食べたいものをいつも食べている女の子にとっては大豆一粒をもらえなくてもどうでもよかったのかもしれません。しかし、就学前から施設に暮らす男の子にとって、自分で食べたいと欲して食べることのできる大豆はたとえ一粒であってもとても貴重なものだったのです。

　このエピソードは食べ物ではありましたが、それぞれの生い立ちや生活環境によって、"ほめられた""良かった""うれしい"と感じる感覚は大きく異なります。この子はどんなことが好きかな？　うれしいかな？　と考えることがその子を理解することへの大事な一歩となります。

Q7 子どもの頑張り

子どもが一人でできた時にほめるのはわかりますが，おとなが手伝ってできた時までほめる必要があるのですか？

　おとなと子どもが一緒に取り組んでいる姿を，子ども達は何もしていないわけではなく，"おとなと一緒にやる"ことを頑張っているとみることができます。やりたくないと逃げ出したり，別のことをやったりすることもできるのに，おとなに合わせて一緒に取り組んでくれたのです。

　おとなにおむつを替えてもらっている子どもも，うつぶせになったり，おしりをふったりすることもできたのに，おとなの動きに合わせて体を動かしてくれているのです。こう考えてくると，「お利口ね」「ありがとう」のことばがおとなの口から自然に発せられても何ら不思議はないのではないでしょうか。

　子どもが何か新しいことができるように取り組む時には，まずは子どもとおとなで一緒に取り組み，子どもが少しの取り組みでできるところから始めるようにします。そして，徐々に一人でできるようにと支えていきます。このような発達の捉えは，旧ソ連の心理学者であるヴィゴツキーが提言した"発達の最近接領域"の観点からも，近年，とても重要であるとされるようになっています。子どもができそうなことに着目し，おとなと一緒に取り組む成功体験の連続の中で，一人でできるようになっていく取り組みは，その子の"持てる力"を高め，自立を目指す教育である特別支援教育と重なるものです。

Q8 ほめる期間

ほめることの大切さはわかりますが、いつまでもほめ続けないといけないのですか？

　ほめることを甘やかすこととしてとらえると、いつまで続けるの？　とか、やめるタイミングは？　との発想になるかと思います。しかし、ほめることは他者へのメッセージ、他者とのコミュニケーションとしてとらえると、続ける、やめるといったような発想にはならないかと思います。

　ケガ、成績の悩み、祖母の他界などが一度に重り、不登校状態になった中学校２年生の男子生徒のエピソードです。不登校直後から担任は家庭訪問をしたり、関係者との連携を図ったりするなどして、生徒の再登校を支えました。その甲斐もあってか、１か月後には部分登校ができるようになり、２か月後には何らなかったように学校生活を送ることができるようになりました。しかし、３か月を過ぎたころから、給食に全く手を付けないようになりました。担任、養護教諭は大慌てで内科を受診させるなどしましたが、身体的な異常は何もありません。そんな状況の中、スクールカウンセラーが担任に男子生徒と最近の関係を尋ねてみると、「終日登校することができるようになったので、配慮することを最近はやめていた」との弁。不登校になった直後から部分登校、終日登校再開の頃は、担任から男子生徒へのたくさんの働きかけ、コミュニケーションがなされていたのですが、それがほとんどなくなっていたのです。そこで、朝のホームルームで、その男子生徒も含め、全員の名前を呼び、体調などを確認するようにしました。しばらくすると、男子生徒は給食を断つことでの担任とのコミュニケーションをやめ、元気に学校生活を過ごすようになりました。

　ほめ方やほめる頻度を子どもとの関係の中で変化させていくことはごく自然のことです。しかし、"ほめることをやめる"との発想だけは厳禁です。

Q9 叱責の限定性

叱ることは難しく，それほどの効果が期待できないと聞きましたが，どんなところが難しいのでしょうか？

　道路に飛び出したり，ストーブに触ったりしようとするなどのように命にかかわるような時には大きな声で叱ることは必要です。しかし，ここで注目してほしいことは，多くの場合，叱る声は大きな声や感情的な声であることです。子どもはその声の大きさや激しさにびっくりして，道路に飛び出したり，ストーブに触ったりする動きをやめます。おとなはそんな大声一声で子どもの行動をコントロールできる状況に快感や満足感を感じてしまいます。しかし，子どもは大きな声で言われた内容を聞き取ってやめたのでは決してありません。そのうちに，子どもはその大きさや激しさに慣れてしまい，びっくりして動きをやめることも次第になくなっていきます。それに対して，おとなは子どもの行動のコントロールが次第にできなくなっていくので，徐々に不快感を感じてしまうようになっていきます。そんな子どもとおとなの思いにずれが生じるために，おとなの叱り方が徐々に激しくなり，終いには体罰へとエスカレートしてしまいます。

　また，叱ることによる効果は叱った人に限定されやすく，その人がいない状況では元に戻ってしまいます。

　さらに，叱られた子どもはどうしたらいいかわからないままです。そのため，自分から新しいことに取り組んだり，自分で工夫したりするような姿が徐々に見られなくなり，おとなの指示を待ったり，何事にもおとなの判断を仰いだりするような子どもになってしまう危険性をはらんでいます。

Q10 叱責の逆効果

子どもにやめてほしいことを叱ると，やめるどころかますますやるようになってしまいました。どうしてなのでしょうか？

　おとなが叱りたい子どもの行動は，子どもにとってどんな機能を持っているのでしょうか。

　"学校に来ても教室に入らない""授業中に教室を歩き回る""休み時間は掃除道具箱の中に入ってしまう""集会が長くなると隣の子どもの髪を引っ張ってしまう"などのやめてほしい行動を叱るとますますそのことをやる子がいると耳にすることがあります。おとなからすると手がかかり，叱りたい行動かもしれません。しかし，子どもからするとどうでしょうか。"教室に入らないでいると，先生が迎えに来てくれる""歩き回ると，先生がすぐに声をかけてくれる""道具箱の中にいると，先生が見つけてくれる""隣の子の髪をひっぱり，先生が何人も駆け寄ってきてくれる"とはなっていないでしょうか。そのような場面は，おとなは叱ったつもりでいても，（Q8）でもわかるように，おとなの意図は伝わりにくく，子どもには"自分だけかまってもらえた"という事実しか残らないのです。そのため，叱っても減るどころか増えてしまうのです。おとなが叱りたい子どもの行動は子どもからの"自分に目を向けてほしい行動"と読み替えていきます。そして，なぜ，子どもがおとなに目を向けてほしいと思っているのかを考えていくことがとても大切になります。子どもの必死の訴えを迷惑としか捉えることのできないおとなの元から子どもは去って行ってしまいます。おとなには子どもの見せる多様な行動の真の意味（機能）を感じ取る感性が不可欠なのです。

Q11 正しい叱り方

もし子どもを叱ることになった時には，どんな叱り方をしたらよいのでしょうか？

子ども達との生活の中で，どうしても叱らないといけない場面になることはあるものです。しかし，これまでにも述べてきたように，叱ることはとても難しいことです。ではどのようにしたらよいのでしょうか。アメリカの育児書*には次のような叱り方が紹介されています。

―＜1分間で叱る法＞の前半―
◎できるだけ間を置かず叱る。
◎どこが許せないのか具体的に話してやる。
◎子どものしたことをどう感じているのか，取り違えられる心配のない明確な表情で話してやる。
◎数秒間の沈黙を置き，私の不快感を子どもに感じ取らせる。
―＜1分間で叱る法＞の後半―
◎私はおまえの味方なのだ，ということが子どもにわかるように触れてやる。
◎私はおまえがりっぱな価値のある人間であることを知ってる，ということを子どもに思い起こさせる。
◎おまえがいまやったことは好きではないが，おまえのことは好きだ，ということを手短に話す。
◎＜1分間で叱る法＞の終わりの合図として，子どもを抱きしめ，「大好きだ」「たいせつに思っている」という。（中略）終わったら，それですべて終わり。

国民性の違いがありますので，わが国でそのまま行うことは難しい面もありましょう。しかし，相手のことを思って叱っていることをどれだけ相手に伝えることができるのかがとても大切なのは共通のことなのです。感情にまかせて長々とお説教することだけに終止しては決してならないのです。おとなが子どもに何をわかってほしいのかを明確にすることが先決となります。

*スペンサー. ジョンソン（小林薫訳）『1分間ママ』ダイヤモンド社. 2000年

Q12 ラポート

子どもとの信頼関係（ラポート）ができて始めて子どもの指導を始めることができると聞いたことがありますが、いつまで待てばよいのでしょうか？

　子どもとの信頼関係の形成を図ることはとても大切です。しかし、信頼関係がとれてから指導を始めるとの考えの裏には"関係がとれるようになったら厳しい指導を始める"とのおとなの策略が見え隠れします。

　ある特別支援学校に新規採用となり、初対面の人をひっかいたり、つねったりする女の子を担当した先生のエピソードです。信頼関係ができるまではひっかかれてもつねられても止めずに、そのまま受け入れることを原則としました。そんな暖簾に腕押しのような状況のため、女の子の先生へのひっかきやつねりはだんだん強くなっていきました。3か月が過ぎた頃、先生は女の子の行動をそのまま受け入れてきたので信頼関係ができたとして、ひっかきやつねりを厳しく叱るようにしました。しかし、先生の思惑とは逆に、女の子は先生の顔を見ただけでもかけよって叩いたり、激しくひっかくようになってしまいました。

　指導は厳しい対応が原則であり、その厳しい対応を相手が受け入れるように、信頼関係の形成がまずは必要と考えがちです。しかし、人間関係は信頼関係形成前・形成後に二分できるほどに単純なものなのでしょうか。信頼関係は出会いの直後からのさまざまなやりとり（コミュニケーション）の中で培っていくものなのです。そして、そのやりとりはほめること、すなわち、"私はあなたがやったことを、私はわかっていますよ"というメッセージの往来を基盤とします。出会った時から信頼関係が自然と醸し出されていく関係を続けていくことが基本となります。

Q13 やめてほしい行動

子どもがどうしてもやめてほしい行動をやめてくれません。なぜ、やめてくれないのでしょうか？ また、どうしたらやめてくれるようになるのでしょうか？

　"やめてほしい"行動とは、誰にとって"やめてほしい"行動なのでしょうか。

　ある特別支援学校の小学部にて、つば遊び（飛ばし）をする3年生男子を担任した教師のエピソードです。どうにかして、その"やめてほしい"行動をなくそうと、指サックをしたり、叱ったりしました。しかし、男の子は泣くばかりで、"やめてほしい"行動が減ることはありませんでした。その様な中、家庭訪問をしてみると、男の子は庭にある鶏小屋の前に座り、鶏につばを飛ばし、つばが当たってびっくりする鶏の様子を眺めて楽しんでいました。学校では"やめてほしい"行動であったつば遊びが、自宅では男の子が考え出した遊びであり、"やっとみつけた"行動だったのです。そんな状況を知らないままに、教師が一方的に"やめてほしい"行動だとしても、男の子が受け入れてくれるはずはなかったのです。そこで、家庭ではテレビゲーム、学校では遊具で男の子と一緒に遊ぶようにしました。そうすると、男の子のつば遊びは次第に減り、テレビゲームがしたい、遊具で遊びたいと自分から求めるようになってきました。

　おとなにとっては"やめてほしい"行動であっても、子どもにとっては"やっとみつけた"行動の場合が多々あります。すべての行動には意味（機能）があり、"やめてほしい"行動はないのです。ただし、周囲の人たちにとって受け入れにくい行動であることも事実です。そのような時には、子どもにとっては同じ意味（機能）の行動を、おとなから提案していくことが必要です。また、こうした提案をできるかが、この教育を担当する教師の専門性の高さの一つにもなります。

Q14 成功経験の大切さ

子どもには失敗経験をさせない方がよいと聞きましたが，なぜですか？ 子どもが一人で一度やってみて，失敗してから取り組んだ方が子どもが真剣になることはないのですか？

"失敗は成功の母"のことわざもあるように，失敗することから学ぶことが多く，失敗することは大切との話をよく耳にします。しかし，失敗経験を糧にして成功裡に終えるには，その道筋がおぼろげながらも自分の中で見通せていることや，自分から取り組もうとする思いの強さが不可欠になります。

ある小学校特別支援学級でのエピソードです。教室でのお金の払い方の勉強をした後に，お店に出かけ自分の食べたいものを一人で買う取り組みが行われました。4年生のある男子はチョコレートを買うと教室で決めて出かけました。「これください。」とは言えたものの，お金を財布から出すことができませんでした。教師はその様子を背後から眺めていて，30分ほど経ったところで"この子はまだお金を使う力がない"と，その子だけ買い物をさせずにお店から学校に戻ってしまいました。そんなつらい経験をした男の子が自分からもう一度お金の勉強をして，チョコレートを買いたいと言うことはありませんでした。

障がいのある子ども達は失敗する経験が障がいのない子ども達よりもどうしても多くなりがちです。そのため，失敗して叱られるくらいなら，言われるまで待っていた方がいいと，自分から取り組もうとする気持ちが育ちにくいところがあります。そのため，子ども達が自分から精一杯に取り組むことが可能となる"できる状況*"を整え，子ども達が成功経験を重ねていくことが何にも増して大事なことになります。

＊小出　進『生活中心教育の理念と方法』ケーアンドエイチ　2010年

Q15 必然性の大切さ

障がいのある子ども達にとってわかりやすい学習をするためにはどんなことに配慮すればよいのでしょうか？

　障がいのある子どもは周囲の状況を把握したり，学んだことを応用したりすることが苦手な場合が少なくありません。

　ある国立大学附属特別支援学校での公開授業研究会でのエピソードです。小学部低学年：日常生活の指導「おしりのふき方」が授業公開されました。単元名のみ知らされていた参観者はどんな授業が展開されるのか興味津々。授業が始まると，教室で気をつけ礼の挨拶の後，教師から「今日はうんちをした後のおしりのふき方を練習しましょう」とお話。そして，グラスファイバーで作ったでん部の模型が登場し，模型に付けた絵の具をティシュでふき取る練習が始まりました。子ども達は先生に言われたとおり，絵の具が付かなくなるまで何度でも一生懸命ふいていました。しかし，その手の向きは自分のおしりを拭く動きではなく，誰かのおしりをふく動き。みんなが終わったところで，教師からの「みんな上手にできました。トイレにいった時にはちゃんとふけますね。」とのまとめに，子ども達は「はーぃ。」と返答。そして，気をつけ礼で授業は終了しました。

　先生方は真剣であり，グラスファイバーでの模型作りに何時間を要したことか。しかし，参観者はその頑張りを賞賛するよりも，苦笑するばかりでした。極端なエピソードではありますが，おとなは子ども達にわかりやすくと生活の一シーンだけを切り取って練習をしがちなものです。しかし，障がいのある子ども達にとって，その必要性が全くない状況での切り取られた一シーンだけを練習しても，それはそれだけのことで終わってしまうことになります。あくまでも，実際の生活の中でその必然性のある場面においてていねいに取り組んでいくことが常道なのです。

Q16 性格

子どもが寂しがり屋の性格なので，すぐに泣いてしまいます。性格をどうしたら変えることができるのでしょうか？

　性格を変えることはできるのでしょうか。そもそも性格とはどんなものなのでしょうか。

　ある特別支援学校退任式の日のエピソードです。高等部1年生の男子生徒が教室入り口にしゃがみ込んで顔を伏せてオイオイと泣く姿がありました。担任だった教師をはじめたくさんの先生が異動してしまうことを知り，寂しくなって悲しんで泣いているものと思われました。そこで，副担任であった教師が「先生は四月からもいるから大丈夫だよ。」と慰めの声をかけました。すると，男子生徒はその慰めに対して，「ぼくだけママが来ない。」と優しく声かけした教師をキッとにらみ，また泣き続けたのでした。

　"寂しがり屋"だから"すぐ涙する"，"ルーズ"だから"遅刻をする"，"弱い意思"だから"寝坊をする"と，その人の性格が最初にあり，その性格から行動が生じているように思いがちです。しかし，本来は"すぐに涙する"人を"寂しがり屋"，"遅刻する"人を"ルーズ"，"寝坊する"人を"弱い意思"とレッテル貼りをしているだけなのです。

　加えて，自分の過去の経験や行動傾向から往々にしてとらえ違いをしてしまうことがあります。このエピソードの場合も，退任式，涙から"別れの悲しみ"と教師が勝手に推測してしまい，全くの見当外れだったのです。

　性格云々と難しく考えるよりも，"泣きそうな時には別のことに誘い，できていることをほめる"のように具体的なかかわり方を考えるようにします。そうしたことの積み重ねで，笑顔がたくさんになり，寂しがり屋と呼ばれなくなるのです。

Q17 発達の順序性

担当している子どもの発達検査の結果を見てみると、発達年齢の低い項目ができないまま、発達年齢の高い項目ができています。どのように考えるとよいのでしょうか？

　人の発達を月日を重ねるだけで自動的になされるものと考えている人はいないと思います。産まれた後の周囲の環境の中でさまざまな経験をして獲得し、発達していくのです。そのため、経験していないことはできない場合も少なくありません。ポーテージ早期教育プログラムでは「衣服のスナップをはずす」「衣服のスナップやかぎホックをかける」が「大きなボタンをはずす」「大きなボタンをはめる」よりも早い段階の課題となっています。しかし、マジックテープの普及により、スナップやかぎホックを経験していない子どもも少なくありません。

　また、発達検査に示された年齢も調査された時期、対象児によって違いがあります。例えば、「排泄の予告」は遠寺城式乳幼児分析的発達検査法（1977年版）では1歳9か月〜1歳11か月、新版S-M社会能力検査（1980年版）では2歳から3歳5か月の間の早期、「洗面」は遠寺城式乳幼児分析的発達検査法では3歳0か月〜3歳3か月、新版S-M社会能力検査では3歳6か月から4歳11か月の間の中期と異なっています。発達検査に示された項目の順序は大まかな目安でしかありません。"ある項目ができた・できない"に一喜一憂することなく、子ども達の生活の様子とその必要性から考えていくことが大切になります。また、手指の巧緻性などの場合は発達の順序性から考え、大豆つまみやビーズ通しのような基礎訓練から行うケースもあります。ただし、発達に遅れのある子どもの場合にはその必要性を理解することが難しく、基礎訓練で終わってしまうこともあります。そのため、毎日の生活の中で工夫しながら、その必要感を子ども達が感じながら取り組めるようにする配慮も大切になります。

Q18 多面的な理解

子どものことを理解していこうとする際に，まずどんなことに注意すればよいのでしょうか？

　学校や幼稚園，保育所において子どものことを理解していこうとする際にはどうしても学校や幼稚園，保育所での姿だけで考えがちです。しかし，その子には家庭での生活があり，そのあり様が学校での姿に大きく影響していることが少なくありません。

　小学校１年生で不登校になった自閉症児の男子のエピソードです。入学当初から，毎朝，母親と自宅は出てるものの，途中で自宅に戻ってしまう状況の連続。そこで，学校生活で工夫することはないかと学校から相談がありました。母親と面談してみると，悪びれる様子もなく「嫁姑の仲が良くない。子どもが家に居てくれると，子どもが居るからとずっと２階に上がったままにでき，姑と顔を合わせないで済む。登校中に，子どもに"家に帰ろうか"と言うと，"うん"と言ってくれるので子どもと途中でそのまま帰っている。」との弁。母親には悪びれた雰囲気が全くないので，父親と相談し，別居へ。別居後は，男の子は何事もなかったように登校するようになりました。

　近年は個人情報保護，プライバシー保護などのためか，子ども達の家庭状況を把握している学校や幼稚園，保育所が少ないように思えます。しかし，子ども達は学校や幼稚園，保育所だけで生活しているわけではありません。のぞき見趣味的な対応は決してあってはなりませんが，子どもを中心に手を取り合うものとして，子ども達の生活を多面的に理解していく姿勢は不可欠となります。

Q19 家庭の事情

家庭において保護者に子どもと一緒に取り組んでもらう際、配慮すべきことはありますか？

　着替え，排泄，食事などの支援は生活の中心の場である家庭で保護者と取り組むことがとても大切です。その際，家庭の家族構成や生活パターンなどを考慮していくことがとても大切になります。

　ある特別支援学校小学部4年生男子と女子のエピソードです。男の子は母親と入浴の練習をしました。すると，母親自身で手立てを次から次に考えられ，3か月ほどで一人で入浴できるようになりました。一方，女の子は母親と朝の身支度の練習に取り組みました。しかし，取りかかるまでに時間を要し，朝の身支度ができるまで1年ほどかかってしまいました。

　こんな二人の母親を比べ，男の子の母親は熱心な母親，女の子の母親は努力不足の母親と教師は評価をしてしまいがちです。しかし，家庭の事情を加味するとその見方は違ってきます。男の子の家庭は3歳下の弟がいて，男の子が弟と二人で入浴できるようになり，母親は夕方の時間を有効に使えるようになりたいとの強いニーズがあったのです。女の子の家庭は10歳上，7歳上の姉がいて，朝の身支度が一人でできるようになってほしいとの願いはあっても，毎朝，姉が手伝うことで何ら問題にはなっていなかったのです。

　家庭の事情がそれぞれに異なることは常識の範疇のことです。しかし，教師が子どもの家庭での取り組みを考える際には，どうしたものかそのことがあまり考慮されない状況になりがちです。その取り組みが短期間であればまだしも，多くの場合には親子一緒での長い取り組みとなっていきます。それだからこそ，家庭の事情を十分にくみ取り，無理のない取り組みとしていくことがとても大切です。

Q20 保護者の思い

わが子の障がいを認めなかったり，学校や園に協力的でなかったりする保護者にはどのように接したらよいのでしょうか？

　先生方から，保護者がわが子の障がいを認めない，協力的でないとの相談を受けることが少なくありません。しかし，保護者にお目にかかってみると状況がそう単純ではないことが多々あります。

　中学校入学に当たり，同級生の保護者にわが子への配慮をと頭を下げるようにとの中学校の要請を断ったアスペルガー症候群の小学校6年生男子の保護者のエピソードです。学校から保護者がわが子のことをわかっていないので，保護者に面談し，その状況を話してほしいとの依頼があり，母と面談しました。母親からは「わが子に障がいがあることはわかっている。大学の相談機関にも定期的に通っている。中学校からのお話もわからないではないが，幼稚園，小学校の時もわが子のことで同級生の保護者には繰り返し繰り返し頭を下げてきた。小学校と中学校は同じメンバーなのに，また頭を下げることはもういやだ。」というつらい思いを語られました。保護者にとっては同じ学区に住む子ども達やその保護者に10年ちかくにわたってわが子への理解を求めてきているのに，それでも足りないのかと感じられるような酷な要請だったのです。

　保護者，特に母親と面談させていただくと，障がいのある子が産まれたことで，「跡継ぎを産めないなら嫁とは認めないと言われた」「嫁ぎ先から我が家にはそんな血はなかったと言われた」「実家から帰って来るなと言われた」などと口にされる方が少なくありません。インクルーシブ教育が唱えられるこの時代に時代錯誤のような感もあります。しかし，こうした厳しい現実があるのも事実です。障がいのある子の保護者，特に母親の心情を忖度した教師の真摯な対応がこれまで以上に不可欠になってきます。

Q21 子は鎹

子どもの行動には保護者の行動が大きく影響していると聞きました。どんな視点からその関係性を考えるとよいのでしょうか？

　子どもの行動は保護者の影響を少なからず受けるものです。その中でも，障がいのある子どもの場合には，保護者の行動の変化の影響を強く受けていることが少なくありません。

　知らないおじさんに追いかけられたと郵便局に助けを求め，パトカー2台が出動する騒動を起こした小学校5年生の高機能自閉症の女の子のエピソードです。2か月に一度くらいの割合で似たような騒動を起こしてしまうために，学校としては特別支援学校への転校も考えているとのこと。そこで，母親と面談してみると，「父親がアスペルガータイプの人で，日々の生活の中で理解できない行動が多々ある。私がそれに耐えきれなくなり，娘に離婚して実家に帰りたいと，たびたび話している。しかし，娘がそのたびに騒動を起こすので，夫に離婚話を切り出せずにいる。」との弁。このように母親の気持ちの揺れと女の子の騒動がリンクしていることは学校にとって全く想定外のことでした。校長先生は苦慮されましたが，祖父母も含めた家族会議を持つことを勧められ，女の子の生活は徐々に安定していきました。

　先生方は子どものことを学校や園で見せる姿から考え，その行動に対応しようとしがちです。しかし，学校や園で"問題行動"と見なされるような行動が，家族関係のアンバランスさを一時的に解消する安全弁の役割を果たしていることがあります。子どもが不登校になることで，それまで仕事一本だった父親が母親の相談に乗るようになり，冷え切った夫婦仲が元に戻るようなケースも少なくありません。"子は鎹"なのです。

　子どもの行動を生起させ，維持している家庭環境のダイナミズムにも目を向け，トータルで考えていくことがとても重要になります。

Q22 家庭との関係性

子どもの支援において，家庭の協力をお願いしていきたいのですが，どのようなことに配慮したらよいのでしょうか？

　学校や園から保護者に家庭で取り組んでほしいことをお願いするがなかなか取り組んでもらえない，との教師の愚痴を耳にすることがあります。しかし，そのお願いが家庭の状況にフィットしていないことが少なくありません。

　授業中に教室を飛び出したり，授業妨害をしたりする小学校1年生の男の子のエピソードです。学校から教科学習の理解は高いのでやって良いこといけないことの理解は出来ているはず。親の愛情不足を感じるので，かかわりを増やしてと母親に頼んでいるが芳しい返事がないので，母親に話してほしいとの依頼がありました。母親と面談してみると，「村の旧家に嫁ぎ，子どもを三人もうけたが，上の二人には知的な遅れがあり，特別支援学校と特別支援学級に通っている。そんな中，夫が自殺してしまい，義理の父母と子ども三人と暮らしている。実家とは縁が切れ，頼るところもない。平日の昼間は働きに出ており，兄二人を学校に迎えに行って家に戻るが，二人の世話で手一杯。義理の父母は下の子を家の跡取りにと考えているようで，躾にとても厳しく，口を出せないでいる。学校からのお話は痛いほどにわかるがどうにもできない。」との弁。そこで，休日の夕飯の買い物を下の子と二人で出かけ，行き帰りの車中や，買い物の間にいろいろな話をしてはと提案。母親からはそれであればなんとか出来そうとの返答があり，実行へ。しばらくすると，男の子の学校での取り組みの様子も見違えるようになり，自分から授業に参加できるようになっていきました。

　家庭の状況は千差万別であり，親にも日々の暮らしがあることも，学校の指導の前には往々にしてかすんでしまいがちです。長期にわたって行うことになる支援では，"無理をしない"ことを最優先にしてよいかと考えます。

Q23 問題行動

学校でいわゆる問題行動を起こすような子どもを理解するためにはどのような視点が必要ですか？

　子どものいわゆる問題行動をどうにかしてなくそうと四苦八苦する教師が少なくありません。しかし，対症療法的なかかわりになってしまっていることも少なくありません。

　毎日，学校の図書室のすべての本を棚から床に落としてしまう小学校4年生の軽度の知的障がいのある男子のエピソードです。転校して来て間もなく，通常の学級に在籍。図書室の掃除当番で，掃除のたびに本を棚から床に落としてしまう。そのつど厳しく注意はしているが，全く様子が変わらないとの担任の弁。そこで，その子の父親と面談してみると，「リストラで失業し，妻の実家に転がり込んだ。蓄えもないので妻が実母の財布からお金を抜いていたことがばれ，妻の実家にも居づらくなっている。しかし，妻に癌が見つかり入院することになり，妻の実家から出るに出られないでいる。」とのこと。また，男の子の掃除の様子を見せていただくと，本を棚から床に落とすのは担任が見ている時だけでした。発達検査を行うと5歳程度の状態。このような状況を整理して担任にお話しすると，「この子の置かれた状況をそこまで知らなかった。5歳になるわが子と男の子を重ねて考えると，誰かにかまってほしい気持ちになることは痛いほどにわかる。」との弁。それ以降，担任はこれまで以上に男の子に働きかけることに心がけられました。それからしばらくすると男の子は本を床に落とすことはやめ，担任にいろんなことを自分から話すようになっていきました。

　教師にとってやめてほしいと思える問題行動であっても，子どもにとってはかかわってほしいとの気持ちの表れなのです。子どものそんな切なる思いを問題視したり，無視したりすることだけは決してあってはなりません。

Q24 同時にできない行動

やめてほしい行動を減らしたい時は、その行動と同時にできない行動を増やすとよいと聞きました。どんなやり方をしたらよいか教えてください？

　子どもの"やめてほしい"行動に対応する際には、その代わりに"やってほしい"行動を考えることができるかが教師の専門性の一つともなります。
　授業中にピョンピョン跳びはねたり、他事をしたりする子が四人おり、補助教員が配置されている小学校4年生の学級でのエピソードです。補助教員がその都度対応しても、担任がどんなに注意しても変化がなく、ますます激しくなってきたとのこと。国語の授業を見せていただくと、一人の男子が騒ぎ始めると他の三人にも伝播していく状況。次の音楽の授業にキーマンとなる男子の横に座りました。すると、開始早々に教科書を1頁ずつ半折りにして振り始めました。授業はそのまま続けられ、担任からの注意もありません。すると、更に体を揺すって椅子でガタガタと音を出し始め、他の三人にも伝播しそうになりました。そこで男の子の太股に私の足をジェットコースターの安全バーのようにかけ、体をブロックしました。揺するのをやめたところで、教科書を元に戻すように囁き、授業の進度を確認したところ、わかっていたので、私の足を外しました。その後は自分から残りの授業に参加でき、他の三人も同様でした。この状況を受け、キーマンとなる男子には、行動が乱れてきてからの働きかけではなく、授業冒頭から働きかけて授業を受ける構えを作り、ほめてほしいと担任にお話しました。その後、キーマンの男子は次第に教師の特別な働きかけがなくとも自分から授業を受けるようになり、他の三人も授業の途中で注意が他にそれることはなくなっていきました。
　教師から"やめてほしい"と言われても、"どうしたらよいのか"がわからずに困っている子どもも少なくありません。「Aはだめだけど、Bはいいよ」更には「Bはいいよ」と提案できる教師の技量が大切になります。

Q25 知能検査の活用

子どもの支援を検討する際、知能検査や発達検査はどのように活用したらよいのでしょうか？

　学校や園に教育相談で伺うと、専門機関と称される他機関で行われた知能検査や発達検査の結果として知能指数や発達指数、精神年齢の数値だけが示され、指導方針や指導内容の即答を求められることが多々あります。知能検査や発達検査を活用し、その子の成長の状況を知り、教育活動に活かしていくことは重要です。しかし、そこで示された数値だけで"今、何をしたらよいか""どんな支援が必要か"にそのままつながることはほとんどありません。検査の過程での子どもの様子を丹念にみていくことが重要です。

　情緒がとても不安定で、周囲からの働きかけを受け入れることができず、中学校から自閉症・情緒障害学級に入級することになった中学校１年生の女子生徒のエピソードです。４月末、WISC-Ⅲの実施依頼を受け、初対面の中で２時間ほどの時間をかけて行いました。鋭い眼差しがとても印象的な生徒でした。しかし、検査の各項目にはていねいに取り組んでくれました。そのような中、とても特徴的な回答（反応）がみられました。例えば、知識の項目では「さわやか」の問いに「湖の上を吹いてくる風のようなもの」、「迷信」に「本当ではないけど、昔から人たちが信じていること」と回答してくれました。それに対し、積木模様の項目ではモデルが絵カードになると全くできなくなりました。組合せの項目では一つも組み合わせることができませんでした。このような検査中の様子を受け、授業中の様子を確かめると、黒板の板書をノートに書き取る際には、一行目は問題ないですが、二行目は一行目と二行目の区別が出来ず、一行目と二行目ともに書き取り、三行目では一、二、三行目ともに書き取っていくと、女子生徒にとって苦行以外の何物でもないものになっていました。しかし、小学校では通常の学級に在籍し、

特段の配慮はなされていませんでした。中学校も情緒的に荒れているとのことで自閉症・情緒障害学級に入級していましたが、学習面の困難さには全く対応されていませんでした。加えて、母親との面談の中で話された「幼い頃からのてんかんでの通院」も学校は把握できていませんでした。このような状況を整理し、中学校に「理解のレベルは高いものがあるが、視覚系情報の処理がとても困難な状況にある。小学校入学以来、板書を書き取ることが難しい。しかし、そのことへの特別な支援がない状況が続いており、情緒的に荒れることは仕方ないかと思う。加えて、てんかんへの配慮も不可欠。自閉症・情緒障害学級は幸いにも2名の在籍なので、行ごとにもアンダーラインを入れるなどの板書の工夫をし、彼女が安心して授業を受けることができるようにしてほしい。」と伝えました。中学校も女子生徒のこのような状況を受け、個別の支援を検討し、実施に移されました。それから、半年後に、女生徒と個別に面談する時間を設けていただきましたが、眼差しは穏やかになり、授業を受けることが楽しいと話してくれました。

　同じ中学校で、授業の中に面白くないことがあると暴れ回るが、他の生徒の反応を全く読めないと相談を受けた2年生の男子生徒のエピソードです。WISC-Ⅲの理解の項目では「謝る」などの他者との関係を表す語彙・状況の理解・表現が困難でした。国語担当の学級担任によると、授業中の理解も同様とのこと。母親に面談すると、できの悪い子なので、お小遣いも使い放題、食事、入浴も本人任せと、好き勝手にさせているとの弁。人と気持ちを重ねる経験が少なく、更にその理解が難しいと判断し、男子生徒が唯一心を許している部活動顧問に個別の時間をもってもらうようにしました。その中で、人の気持ちの動きやそれへの対応の仕方を具体的に話していただき、自分の置かれた状況の理解を少しでも図るようにしていきました。

　これらのエピソードは検査結果の数値だけではその具体的な支援を見いだすことは困難でした。毎日の生活の中での子どもの様子と、検査の過程での子どもの様子を丹念に重ねることで子どもの理解を深め、より適切な支援を展開していくことが重要なのです。

Q26 手順の分析

子どもに身の回りのやり方や手順を教える際に、どんなことに注意するとよいのでしょうか？

　十人十色というように、人によって身の回りの処し方（やり方・手順）は大きく異なります。しかし、どうしたことか、自分のやり方とみんなのやり方は同じ、または、自分のやり方が標準（スタンダード）であるかのように思い込んでしまいがちです。

　「（特別支援学校小学部に通う）子どもがTシャツをどうしても裏返しに脱いでしまう」と困っている母親から相談を受けたエピソードです。母親に毎日の生活の様子を少し詳しくうかがうと、小さいときから父親とお風呂に入っているとのことでした。そこで、父親のTシャツの脱ぎ方を確かめてもらうと、子どもと同じ裏返しになる脱ぎ方でした。母親が"困る"とした裏返しの脱ぎ方は、父親の脱ぎ方を、一緒にお風呂に入る中で、子どもは覚えただけだったのです。

　このように、ご夫婦でもお互いの手順の違いになかなか気付きにくいものです。ましてや、他人の教師の手順は保護者と異なることが多そうです。手順が異なると子どもはとても戸惑ってしまいます。そこで、学校で着替えなどの活動に取り組む際には、教師はその子にかかわる機会が多い両親や祖父母などの手順を教えてもらうことから始めなくてはなりません。決して、教師は自分の手順を子どもに教え込もうとしてはいけません。そして、個別の指導計画などを活用し、自分以降の担任にもその子その子に応じた手順を引き継いでいくことがとても大切になります。

Q27 プロンプト

子どもに新しいことを教える時の手助けの方法にはどのようなやり方がありますか？

　手助けを心理学ではプロンプトと言い，その主たるものとして言語促進（声かけ），ポインティング（指さし），モデル呈示（師範），身体促進（手添え）の4種類があります。これらのプロンプトを支援課題や子どもの年齢などに応じて組み合わせたり，使い分けたりしていきます。その際，"確実性""妨害性""依存性"からの検討がとても重要になります。

　まず，確実性は子どもが行動を失敗することなく行うことができるようにするためにはプロンプトをどのように呈示したらよいのかを検討する際に大切な観点となります。そして，妨害性は子どもが自分でやれたと思える気持ちを持てるようにするためにはどうプロンプトに加えていったらよいのかを検討する際に大切な観点となります。さらに，依存性は子どもがプロンプトをなくても行うことができるようにするためにはどうプロンプトを外していったらよいのかを検討する際に大切な観点となります。

　これらの三つの観点からみた言語促進，ポインティング，モデル呈示，身体促進の特性は次の図のようになります。

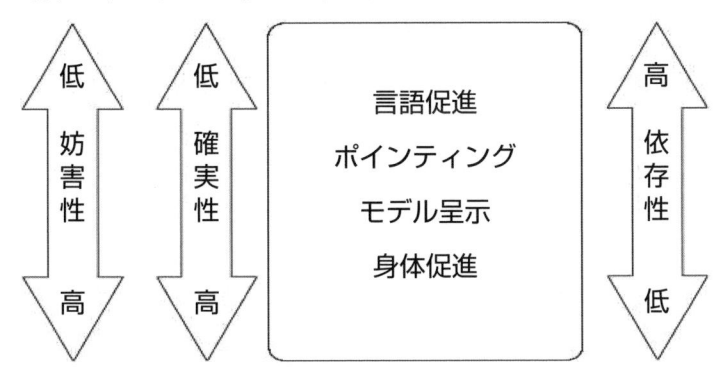

	妨害性	確実性	言語促進 ポインティング モデル呈示 身体促進	依存性
上	低	低		高
下	高	高		低

確実性：身体促進はおとなが手を添えて子どもと一緒に行うプロンプトなので，おとなの動きに合わせて子どもが行うことになり，子どもが課題となる行動を行う確実性は高くなります。言語促進は声かけによるプロンプトですので，それに合わせて行うかは子ども次第となり，子どもが課題となる行動を行う確実性は低くなります。

妨害性：身体促進はおとなの動きに合わせて子どもはやらなくてはなりませんので，子どもが自分から行うとすることへの妨害性は高くなります。言語促進は声かけに合わせて行うかは子ども次第となりますので，子どもが自分から行おうとすることへの妨害性は低くなります。

依存性：身体促進は促進を行う部位を手，手首，肘などと子どもの様子に合わせながら変え，また，力具合を弱めたり，呈示時間を短くしたりしながら外していくことができますので，子どものおとなへの依存性は低くなります。一方，言語促進は名詞レベルまでしか短縮することはできないので外すことが難しく，子どものおとなへの依存性は高くなります。

こうしたプロンプトの特性を踏まえ，大きく二とおりの使い分けがなされています。

幼稚園・保育所・小学部（校）段階において，いろいろな行動を身に付けてほしい場合には，成功経験を重ねること（確実性：高），間違ったやり方を覚えないこと（確実性：高），一人でできるようになること（依存性：低）を重視し，身体促進やモデル呈示を主とします。言語促進は身体促進と併用しても早い段階でなくすか，必要がないなら最初から用いないようにします。

高等部段階になり，その場面ですべきことや言われていることはわかっているものの行動にスムーズに移せないでいる場合には，自分でやれた感覚を持てること（妨害性：低）を重視し，最初に言語促進を行います。それでも難しい場合にはポインティングを加えます。それでも難しい場合には更にモデル呈示を行います。そして，モデル呈示でも難しい時には身体促進を行います。

Q28 言行一致

子どもへの働きかけは「言行一致が基本」と聞きました。どのようなことでしょうか？

　おとなにとっては意味を取り違えることがないと思われるような声かけであっても，子ども達はその状況から違った意味として理解していることがあります。給食で「いただきます」では食べ始めず，「ごちそうさま」で慌てて食べ始める特別支援学校小学部５年生の男子のエピソードです。給食の準備が終わり，みんなで揃って「いただきます」と挨拶しても，スプーンを取ろうともせず，机の上に並んだ食べ物を眺めているだけ。食べ始める様子がないので，教師が「食べようか」と声をかけると，身震いをして，目を見開くような様子はあるものの食べ始める様子はありません。片付けをする時間が近づき，「終わりにしようか」と声をかけると，自分からスプーンをとってかき込むようにして食べ始めるのでした。家庭の様子を見せていただくと，同じ状況。母親の「いただきます」「食べないの」の声かけでは食事に全く手を付けることはありません。食事の終わりの時間が近づくと，母親が「仕方がないわね」と言いながら，食事を子どもの口に運ぶことに。こうした状況から，「いただきます」「食べようか」「食べないの」は"まだ食べてはいけません"，学校の「終わりにしようか」は"いただきます"，家庭の「仕方がないわね」は"食べさせてあげる"に置き換わっているのかと推察されました。そこで，「いただきます」の挨拶と同時に教師が男の子の手を取り，食べるようにしました。そして，そのプロンプト（Q27）を外して行くと，２週間もしないうちに「いただきます」の挨拶のあとは自分から食べるようになりました。家庭でも同じやり方で自分から食べるようになりました。

　このエピソードのように，子どもはことばの意味をその状況から理解していることが多々あります。そのため，言行一致が基本となるのです。

Q29 視覚的援助

特別支援学校や特別支援学級を参観すると，写真カードを子ども達に見せなながら話をしているところをよく目にします。どのように活用するとよいのでしょうか？

　自閉症の子どもには視覚的援助が効果的であることが通説となり，多くの学校・学級で写真カードを活用した支援が行われています。写真カードなどの視覚的援助は本人がじっくり見ることができるので，子どもによってはとても有効な手立てになります。しかし，視覚的援助も子ども一人一人の理解の程度に対応して行うことが基本であり，一斉に同じ写真カードを見せれば済むというものでは決してありません。

　まず最初に確認しなければならないことは，視覚的援助を行おうとする子どもが具体物，写真，絵，文字いずれの視覚情報を用いれば，今から取り組むことを確実に理解できるかということです。トイレを具体物（例：トイレットペーパー）で理解する段階の子もいるでしょうし，写真や絵（例：便器）で理解する段階の子もいるでしょう。また，文字やマークで理解する段階の子もいるでしょう。もしも，具体物の段階の子どもであれば，まずは具体物呈示から始め，半具体物，写真カード，絵カード（静物画→線画），文字付き絵カード，文字カード（カード→一覧表，短冊）へと移っていきます。

　そして，子どものどの程度までの見通しを持つことができるのかを確認することも必須となります。次は何をするのかの段階，半日程度（3つ先）の段階，一日程度（6つ先）の段階，3日間程度の段階，一週間程度の段階，半月，そして，一か月の段階といった見通しのいずれの段階にあるのかに対応していかなければなりません。

　ちなみに，鈴木ビネー知能検査では三つの連続した取り組みを遂行する課題は4歳半程度に設定されており，終日の日程を写真カードで一斉呈示することは特別支援学校に通う子ども達には理解が難しいかもしれません。

Q30 支援プログラム

支援プログラムは二種類の組み方があると聞きました。プログラムの組み方を具体的に教えてください。また、それぞれの特徴も教えてください？

　支援プログラムは手順の分析（課題分析（Q26））を行った後、その分析に合わせて組んでいきます。組み方には順向型(じゅんこう)プログラムと背向型(はいこう)プログラムの二種類があります。

　順向型プログラムは行動の生起の順にできるようにしていくプログラムで、"○○まで一人でやってごらん。あとは一緒にやろうね"と展開していきます。

　背向型プログラムは行動の生起とは逆に終わりの方からできるようにしていくプログラムで、"○○まで一緒にやるよ。あとは一人でやろうね"と展開していきます。

　いずれのプログラムを用いるかは、子どもの課題への取り組みの様子に合わせて考えていきます。自分からなかなか取り組もうとしない子どもの場合には、"○○まで一緒にやるよ"とプロンプトを使っておとなから子どもに働きかける背向型プログラムが効果的です。また、背向型プログラムは"あとは一人でやろうね"と子どもが一人で行い終えることになりますので、子どもは達成感を感じやすく、おとなは子どもをほめやすくなります。

　一方、自分から何でもやりたがる子どもの場合には、"○○まで一人でやってごらん"と子どもの自発的な取りかかりから始まる順向型プログラムが効果的です。ただ、その後に"あとは一緒にやろうね"と続くので、子どもによってはおとなのプロンプト（手助け）を待つようになってしまう場合もあるので注意が必要です。

　発達に遅れのある子どもには、取りかかりの確実さ、達成感の感じやすさなどの点から、背向型プログラムで取り組むことが多くなります。

Q31 日による変化

できていたことが日によってできないことがあります。どのようにしたらよいのでしょうか？

　年少の場合はその日の体調が影響していることもありますので，まずは発熱，腹痛などの体調の大きな変化がないかを確認してください。体調に大きな変化がない時でも，注意がほかのことに向いてしまい，うわの空になっていることがあるかもしれませんので，もう一度，やってほしいことをていねいに伝えてみてください。

　それでも取り組む様子が見られない時には，手を取ったり，声かけをしたりして一緒に取り組んでください。支援プログラム（Q30）を立てて行っているような時は，段階を1，2つ戻し，子どもと一緒に取り組み部分を多くしてください。ここで重要になるのはおとなの対応です。（Q7）でも述べたように，子どもがおとなと一緒に取り組んでいる姿は，やりたくないと逃げ出したり，別のことをやったりすることもできるにもかかわらず，おとなと一緒にやることを頑張っている姿ととらえることができます。そのため，子どもと最後まで一緒にやり終えたら，そのことをたくさんほめてあげてください。決して，一緒にやることを途中でやめたり，一方的にやってしまうことだけは避けてください。おとなが思う以上に子どもはそのことが強く印象に残ってしまい，それ以降，やってもらうことが当たり前のようになってしまうことにもなりかねません。

　体調や気分によって，できたり，できなかったりすることは子どもには少なくないことです。また，一度できたことができないはずはない，できるのが当然として叱るようなことだけは決してしないでください。

Q32 継続的支援

障がいのある子どもの支援は担任している1年間だけで考えるのではなく，次の担任への引き継ぎが大切と聞きました。なぜでしょうか？

　障がいのある子ども達は進級や進学・卒業に伴い，学習環境や生活環境が変わると，それまで行っていたことができなくなってしまったようにみえることがあります。そのため，（Q1）でも述べましたように，障がいのある子どもには"一生涯の支援"を前提とした対応が不可欠となります。

　教育活動では学習成果を明らかにすることは必須のことです。しかし，特別支援教育においては，それだけでは不十分なのです。それまでの学習過程においてどのような支援を検討・準備し，実施したのかをその成否も含めて具体的につないでいくことが不可欠となります。個別の支援計画，個別の教育支援計画，個別の移行支援計画，個別の指導計画の活用が求められる所以はここにあるのです。そして，これらの計画を実効性のあるものとするためには，日々の記録も欠くことはできません。日々の記録は教師の立案した方策が妥当であったか否かを明らかにすることが主眼となります。そのため，支援の方策を具体的な行動で書き表すことになります。そして，その方策によって子ども達の取り組みが首尾良く成し遂げられたかどうかを記録していきます。特別支援教育における教育活動の評価の対象は教師であり，その専門性の高さが問われることになります。もし，子ども達の取り組みが首尾良く成し遂げられた時は教師の支援が適切であったことになります。逆に成し遂げられなかった時は支援が不策であったことになります。そして，その支援の評価を次の担任，学校，職場へとつないでいくことになります。教師の「（私は頑張ったけど，）子どもの障がいが…」と言った愚痴を耳にすることがあります。しかし，この愚痴は自分の専門性の低さを自ら自白していることを教師は自覚しておくことが必要です。

発展資料Ⅰ －更に深めたい読者へ－

家族支援

○坂本　裕・三宅万里・松原勝己「小・中学校における特別支援教育推進のための保護者及び関係諸機関との連携に関する調査研究」国立青少年教育振興機構研究紀要，第8巻，215頁－219頁，2008年

○佐々木千鶴・坂本　裕「知的障害養護学校における「子ども一人ひとりに応じる」視点からの連絡帳の検討」岐阜大学教育学部障害児教育実践センター年報，第11号，87頁－91頁，2004年

○坂本　裕・松本和久・小石麻利子「障害のある幼児の保護者の学校教育への期待に関する意識調査（1）」岐阜大学教育学部研究報告（人文科学），第52巻1号，189頁－193頁，2003年

○坂本　裕・松本和久・山本亜矢子「障害のある幼児の保護者の学校教育への期待に関する意識調査（2）」岐阜大学教育学部研究報告（人文科学），第53巻2号，239頁－244頁，2003年

○坂本　裕・西　正道・緒方　明「小学校知的障害特殊学級における保護者と学級担任の連携について（1）（2）（3）」岐阜大学治療研究紀要，第24巻，9頁－17頁，19頁－25頁，27－33頁，2002年

○坂本　裕「教師による母親の事情にあわせたコンサルテーション：母親が自閉症であるわが子の入浴行動の形成を支援した事例と身支度行動の形成を支援した事例を通して」特殊教育学研究，第38巻5号，79頁－85頁，2001年

○大友　昇・坂本　裕「養護学校におけるファミリー・サポートのあり方：家庭と学校の「連絡帳」の分析を通して」熊本大学教育学部紀要（人文科学），第44巻，173頁－182頁，1995年

2章

排泄に関する支援

Q33 基本的構え

排泄の自立を目指して取り組む際にはどのようなことに気を付ければよいのでしょうか？

　排泄の自立を目指す際には，泌尿器系に医学的な問題がないかをまずは確認をします。臓器の奇形や神経系の問題で自立が難しくなっているケースが希にあります。そして，医学的な治療の必要がない時には毎日の生活の中で自立を目指していきます。

　排泄の自立を考える際にはどうしても"失敗させないこと"に思いがいきがちになります。しかし，子ども達はお漏らしをワザとしているのではありません。そのため，お漏らししたことを叱られてもどうしたらいいのかわかりません。お漏らしを叱り続けられた子のなかには，排泄を親の目の届かないところで済ませようと，居間のカーテンの中に隠れて排泄をするようになってしまう子もいます。また，叱られてできるようになったことは叱った人の存在に大きく左右されるようになります。そのため，学校生活の中では自分からトイレにまったく行かないのに，下校時にお迎えのお母さんの顔を見るやいなやトイレに駆け込み，用を済ませるようになってしまった子もいます。

　排泄の自立は"パンツに排泄しないようになること"ではなく，"トイレで排泄できるようになること"です。そのため，トイレで排泄できるように状況を整え，トイレで排泄できたことをほめていくことがその基本となります。どんな雰囲気のトイレなら行ってくれるかな？，どんな下着なら脱ぎ着しやすいかな？　などと，子どもによって排泄が快適なことになるようにおとながまずは発想の転換をすることがその第一歩となります。

Q34 家庭との連携

排泄の自立を目指して取り組む際，家庭との連携においてどのようなことに気を付ければよいのでしょうか？

　保護者にとって排泄の自立は強い願いの一つです。しかし，基本の構え（Q33）でも述べたように，おとなは"失敗させない"ことにどうしても思いがいき，失敗したことを叱って教えることになりがちです。

　家庭では排泄が自立しているのに，学校では全くトイレに行くことのなかった小学部4年生の女子のエピソードです。その女の子は幼い頃から，母親が排泄の失敗があると厳しく叱られて育ったためか，家庭では全く排泄の失敗がなく，うんちの時には母親に報告してから流すほどでした。また，母親と行き慣れたスーパーマーケットであれば，一人でトイレに行くことができました。一方，園や学校では全く自分からトイレに行こうとせず，気付くとパンツが濡れており，パンツのはき替えをとても嫌がる状態でした。しかし，下校時に，母親の姿を見ると慌ててトイレに駆け込む姿がありました。

　（Q9）でも述べたように，叱られてやるようになった行動は叱る人がいないとやらないで済ませてしまうことになりがちです。エピソードで紹介した女の子の"母親といるとトイレに行くものの，母親がいないとトイレにいかない"姿はこの危うさそのものです。こうしたトイレに行くことを嫌がる子への支援については（Q48）でも触れますが，やはり，トイレで排泄できたことをほめていくことしかありません。排泄の自立を目指して取り組む前にこの点についての家庭との意識の共通化がとても重要になります。

　また，洗濯の手間などから"お漏らしをしない"ことをよしとし，就学直前になってもおむつを外さない家庭もあります。排泄も経験し，学習して始めて身に付くことであることからお話しする必要のある家庭も増えてきています。おむつについては（Q50）で改めて述べますので参照してください。

Q35 パンツ調べ

おしっこの指導の基本は"乾いたパンツをほめる"ことと聞きました。"濡れたパンツを叱る"ことの方がわかりやすいと思うのですが，なぜなのでしょうか？

　排泄の自立を"パンツに排泄しないようになること"と考えると，子どもがお漏らしをした時，おとなはどうしても子どもを叱ってしまうことになります。しかし，濡れたパンツを叱られても，子どもはどうしたらいいかわからないままです。そこで，お薦めしたいのがパンツ調べ*です。

　パンツ調べは，濡れていないパンツをほめる手続きです。トイレで排泄をする前などに，パンツを軽く叩いて「乾いたパンツ，○」などとほめます。ある特別支援学校小学部の３年生で，遊びに夢中になるとお漏らしをしたまま遊んでしまうことがある女の子のエピソードです。お漏らしをしたまま遊んでいることに気付いた教師が「濡れたパンツで遊んではだめ。パンツを替えようか」と着替えに誘うと，座り込んだり，足をばたばたさせたりして，パンツを変えることを強く拒む様子がありました。そこで，トイレに行った際にパンツ調べを行うようにし，「乾いたパンツ，気持ちいいね」とほめるようにしました。この取り組みを始めてから自分からトイレにいく姿が増え，お漏らしの回数も減りました。加えて，お漏らしをした時も，教師の「乾いたパンツに替えようか」との声かけだけで，自分からパンツを替えるようになりました。

　おとなは子どもに「○○はだめ」と簡単に言ってしまいますが，子どもはどうしたらよいかはわからないままです。そのため，「○○はだめだけど，△△はいいよ」とやってほしいことをセットで伝えるようにしなくてはなりません。さらに言えば，「△△はいいよ」とやってほしいことを伝えておくと，同時にできない○○を叱らなくてもよくなります。

＊大友　昇『ほめて子育て　トイレット・トレーニング』（川島書店）1997年

Q36 排泄の間隔

おしっこがまだ一人でいけない子どもにはどんなタイミングでトイレに誘うとよいのでしょうか？

　子どもをトイレに誘うタイミングの取り方の一つとして定時排泄があります。排尿失敗の記録から排泄間隔を推測し，その子を排尿に誘うタイミング（定時）を決め，定時ごとに子どもをトイレに誘導するやり方です。例えば，ある子どもが1時間40分でお漏らしをしていたとしたら，1回目を9時，2回目を10時半，3回目を12時，4回目を13時30分，5回目を15時といったように排尿の失敗がないと予測される1時間半ごとにトイレへ誘うようにします。この方法の基本的な構えは排尿の失敗がない時間間隔で誘うことを最優先とします。そのため，トイレ誘導と定めた時刻が何ごとにも優先され，授業中であっても子どもをトイレに連れていく学校もあるほどです。そして，教師の決めた時刻で合わなかった時には時刻を繰り上げて排尿間隔を短くしていきます。しかし，それに合わせるかのように，子どもは頻尿傾向になり，排尿間隔が短くなっていきます。最初のうちは2時間以上の間隔でも大丈夫とされた子どもが，失敗する度にトイレ誘導の間隔が短くなり，とうとう15分おきに誘っても間に合わない状況になった子どももいるほどです。

　排尿は，毎日，定まった間隔でするものなのでしょうか。そんな生活を送っている人はいないと思います。その日の体調や天候，あるいは，前日の食事の内容などによって大きく変化するのではないでしょうか。そして，まだ早いと思いながらであったり，その逆に少し我慢したりしながら，生活の流れの中の区切りに合わせてトイレに行っているのではないでしょうか。そのため，その子の大まかな排泄間隔がわかったら，生活の流れと重ね合わせてトイレに誘う時間（場面）を決めていきます。排泄間隔をつかむ記録の仕方や誘い方については（Q37）（Q39）を参考にしてください。

Q37 排泄の記録

子どもの排泄のリズムをつかみ，トイレに誘うタイミングを考えたいのですが，どのように記録をすればよいのでしょうか？

子どもが排泄をする時間は一定間隔ではありませんので，大まかな傾向をつかむことが必要です。そこで，次のような三段階にて記録をしていきます。

まずは，第一段階として，大まかな傾向をつかむ感覚で3日間ほど排泄の記録を行ってください。そうすると，午前と午後の排泄の間隔が違うことなどがわかってきます。

そして，第二段階として，大まかな傾向からトイレに誘う生活の区切り，例えば朝の会後，昼食後などのように決め，3日間ほど実施してみます。その時に排泄があれば◎印，なければ○印を付けます。もしもお漏らしがあった時には，その時刻に△印を付けます。

さらに，第三段階として，第二段階の結果を踏まえてトイレに誘う生活の区切りの変更が必要であれば，朝の会後を朝の会前などと修正していきます。

排泄の間隔（Q36）でも述べましたように，排泄のタイミングを一定間隔として考えるのではなく，生活の流れの中で考えていきます。そのため，毎日の生活の流れが整っていることがその大前提になります。起床時間，就寝時間，3度の食事時間がほぼ一定となるようにし，日中の活動も整えていきます。

排泄の記録は排泄を失敗しないタイミングを把握するための記録では決してありません。排泄の記録をとおして，その子の生活全般のリズムを把握し，整えていくための記録なのです。排泄の自立を考えていくことは，生活全般の自立を考えていくことにもなります。

Q38 排泄のサイン

子どもがトイレに行きたいこととサインを教えるのはとても難しいことと聞きました。トイレの要求を示すことはそんなに難しいことではないと思います。なぜなのでしょうか？

　トイレの要求として下腹部をたたくようなサインを子どもにさせてからトイレに連れていく風景をよく目にします。教師はこれを繰り返すうちに，そのうちに子どもが自分からトイレを教えてくれるようになると思ってのことのようです。しかし，子どものトイレに行きたいという思いとサインを重ねることは難しく，下腹部をたたくと"この部屋から出て行ける"のサインと子どもはしてしまうことが多々あります。そのため，教室での活動が面白くないと，子どもは「ここから出たい」と下腹部をたたくサインを発するようになります。教師はそのサインを「トイレに行きたい」と勘違いし，大慌てで子どもをトイレに連れていきます。子どもはトイレに来たのでおしっこはします。そして，教室に戻ってもまだ面白くない活動が続いていると，子どもはまた下腹部をたたくサインを発します。すると，教師は子どもをトイレへ。そこでも少しばかりのおしっこ。教室に戻るとまたまた下腹部をたたくサイン，そして，トイレへの繰り返し。そのうち，教師は頭にきてしまい，「何回トイレにいけばいいんだ」と子どものサインを無視するか，「トイレに行きたいんだろう」と子どもをトイレから出さない仕打ちになりがちです。しかし，子どもは「この部屋から出たい」サインを教えられたままにやっただけなのです。

　お漏らしをしなくなった人にとってお漏らしはとても恥ずかしいことです。そのため，トイレに行きたいという要求を周囲の人に示すのは極めて自然なことです。しかし，お漏らしをしている子にとってお漏らしをする前におとなにトイレに行きたいと要求することはほとんど必要感のないことです。自分でトイレに行けるようになってから，必要な時はそのサインを教えることになります。

Q39 トイレへの誘い方

子どもが自分からトイレにいくことができるようにするには，トイレへの誘い方をどのように変えていったらよいのでしょうか？

　トイレに誘うタイミングを生活の流れの中で考えていきますので，生活のリズムを整えることが大原則となります。そして，個別の働きかけを少しずつ変え，減らしていくようにします。

　まず，朝の会の終わった直後などに，最初のうちは，「トイレに行こうか」と個別に声かけをしながら，トイレをポインティングし，体に触れてトイレの方に誘うようにします。言語促進，ポインティング，身体促進といったプロンプト（Q27）をすべてを駆使し，子どもにトイレに行く場面であることが伝わり，子どもがトイレに移動するようにします。

　子どもがトイレの方に向かうようになってきたら，最初に言語促進をやめ，ポインティングと身体促進にします。言語促進はほかのプロンプトがあるうちになくします。言語促進を最後まで残すと，言語促進がないと動かない子どもにしてしまう危険性があります。

　次に，ポインティングをやめて，身体促進だけにします。ポインティングは言語促進ほどではありませんが，子どもが行動を起こす手がかりにしてしまうことがありますので，最後まで残さないようにします。

　そして，身体促進を行う部位を変え，促進の強さを少しずつ弱めていきます。さらに，促進のタイミングを少しずつ遅らせ，子どもが自分からトイレに向かう感覚を持てるようにしていきます。

　生活の流れの中で行っていきますので，学校や園での他の子どもを含めた生活の場面での全体への声かけや，友達の動きに合わせてトイレに自分から行くことはとても大事なことです。

Q40 トイレの工夫

トイレの支援を始めようと思っています。子どもが取り組みやすくするためには，トイレのどんなところに注意したらよいのでしょうか？

　家庭のトイレと学校や園のトイレは大きく造りが異なりますので，分けて考えたいと思います。

　家庭のトイレは，掃除を行き届かせて，子どもの好きなキャラクターのカレンダーでも下げておきましょう。トイレ用スリッパを使う家庭が多いかと思いますが，スリッパをはいての排泄は子どもには難しいものです。トイレの床をマットで敷き詰めておき，そのまま入って用を足せるようにします。加えて，腰掛便器だけの家庭がほとんどとですので，補助便座があると子どもが一人で座ることができ，また安心して用を足すことができます。また，腰掛便器の高さに男の子がおしっこをする際に届かなかったり，うんちや女の子のおしっこの際に足が床に付かなかったりする場合には，足台が必要になります。足台は牛乳パックを使って簡単に作成できます。ただ，安定性や汚れた時の水洗いなどを考えると，（Q43）のような市販の専用足台の活用も検討していいでしょう。

　学校や園のトイレも以前と比べ数段明るくきれいになってきました。しかし，家庭のトイレほどの快適さはないので工夫が必要となります。掃除が行き届いていることは大前提ですが，塩素系消毒剤の臭気を嫌がる子もいますので，注意が必要です。また，床面の濡れは極力ないようにしてください。滑ったり，ずれ落ちたズボンやスカートが濡れてしまったりする場合もあります。家庭の腰掛便器は保温便座が多くなっており，学校や園の便座の冷たさに驚く子も少なくありません。トイレが嫌いにならないよう，洗濯が容易な便座シートを使ってもよいでしょう。便座シートは子どもの好きなキャラクター柄や花柄などがあり，トイレが明るい雰囲気にもなります。

Q41 男の子の排泄

小学部2年生の男の子の母親です。将来のことを考えると，ズボンやパンツを下げずに立ち小便ができるようなってほしいと思っています。どうしたらできるようになりますでしょうか？

　小学校に入る前までの幼い子どもであればズボンやパンツをひざまで下げておしっこをすることがほとんどでしょう。障がいのない子ども達は自分からひざまで下げるやり方では恥ずかしいと感じ，下げないやり方に変えていきます。しかし，障がいのある子の場合には，自分から一度覚えたやり方を変えることが難しかったり，特別支援学校や特別支援学級ではジャージ生地の体操ズボンに着替えて過ごすことが多かったりするため，おとなになってもひざまで下げるやり方をそのまま続けてしまうことが少なくありません。そのため，衣類を工夫し，ズボンやパンツを下げずにおっしこができるように教えていきます。

　子どもがよくはいているブリーフタイプのパンツは前立ての重なりが深く，オチンチンを出しにくいことが課題となります。そのため，前立ての重なりの部分をカットし，オチンチンを出しやすい重なりの浅いパンツに改良します。ズボンのファスナーの操作が難しい時には，ファスナー部分をマジックテープに付け替え，ズボンを下げなくてもおしっこができるようにします。ジャージ生地の体操ズボンの前を開けてホックを付けて改良することもありますが，生地に遊びがありませんので座った時などに，ホックが外れて開いてしまうこともあるのであまりお薦めはできません。学校では体操服に着替えて終日過ごすことの意味や必要性をきちんと考えることも大切かと思います。

　衣類の調整ができたら，子どもの後ろに立ち，手を添えながらズボンを下げずにおしっこをする手順を教えていきます。その際，ひざを使って，おしっこをする時，腰を前に出す姿勢を教えることも大切なことになります。

Q42 女の子の排泄

小学部低学年の学級を男性二人で担任することになりました。学級に女児もおり，トイレの際にどうかかわってよいのかわかりません。ポイントを教えてください？

　トイレや着替えは小学部低学年であっても同性による支援・介助が原則です。しかし，特別支援学校，特別支援学級は急な学級増などのために，担任の確保が難しいこともあります。そのような時には，母親や女性の同僚と連携をとり，できるだけの配慮のもとで対応します。

　女の子の排泄の場合は，衣服，下着の操作と，終えた後のふき取りへの支援が大切になります。

　ズボンの場合は，ズボンとパンツをひざ下で止めることを教えます。ボタンやファスナーの操作はふだんの着替えと合わせて教えていきます。

　年少のスカート丈が短く，ひだも少ないものでわりと操作しやすいのですが，中学部，高等部になるにつれ，丈が長くなり，ひだも多くなってきます。そのため，年少のうちからスカートのまとめ方を練習するようにしましょう。スカートのまとめ方はさまざまですので，母親などに確認し，同じやり方で教えるようにします。また，終わったら，裾のめくれ上がりなども含めて，トイレの中で衣服を整えることを教えていきます。

　終えた後のふき取りは手の動かし方への配慮が必要になります。女の子の場合には，おしっことうんちの場合のふき方の違いを確実に教えなければなりません。とくにうんちの時には，必ず手を前から後ろに動かすようにします。また，おしっこの時に，いつまでふいていいかわからずにふき続けるような子には，色つきのトイレットペーパーを使い，濃い色がなくなったらやめることを教えます。

　いずれにしても，おとなになった時に困らないように配慮し，一つ一つをていねいに教えていくことが肝心です。

Q43 排便の習慣化

毎日うんちをする習慣ができていないので，便秘ぎみになってしまいます。うんちを習慣化するためにはどんなことに気を付けるとよいのでしょうか？

　排便は習慣性のところがありますので，可能であれば，毎日，朝食後に一定の時間は便座に座るようにしましょう。ただし，親の出勤時間などの関係で朝食後に時間がとれず，夕食後に時間がとれる場合であれば，まずは夕食後から始めてもよいでしょう。最初のうちは便意をもよおすまでに時間がかかることがありますので，親子ともに余裕のある時間帯に始めることをお薦めします。子どもが便座に座ることを嫌にならないようにしながら，便座にある程度の時間は座っていることができるようにしなければなりません。そのため，初日は5分間ほどから始め，毎日1分ずつ延長して2週間ほどで20分間程度は座ることができるようにしていきます。ここで大事になるのは子どものペースで切り上げることがないようにすることです。子どもにとっては決して楽しいことではありませんので，おとなが決めた時間の前に立ち上がろうとすることがあります。ここで立ち上がることを認めてしまうと，次回から子どもは嫌になったら立ち上がってしまうようになり，便座に座る時間が安定しないようになってしまいます。立ち上がろうとした時には腰を軽く押さえ，「もう少し頑張ろう」と声かけするなどして，一定の時間は座り続けるようにします。子どもによってはりきむことができない子どももいます。腹部をさすったり押したりしながら，「ウーン，ウーン」と声かけをして，りきむことを教えることもとても大切です。また，床に足が付かない子どもには，トイレの工夫（Q40）でも述べましたように踏ん張ることができるような足台（写真：永和 BABY CRAFT 2段ステップ）を用意します。

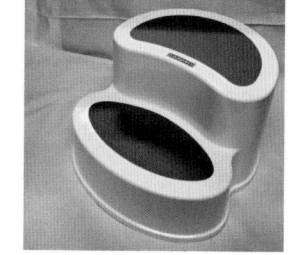

Q44 トイレットペーパー

子どもに一人でトイレットペーパーを使えるようになってほしいのですが，どのようにして使い方を教えたらよいのでしょうか？

　一人で用を足せるようになるにはトイレットペーパーの扱いができるようになることも重要なことの一つです。おとながついている間にトイレットペーパーの扱いも教えるようにします。ただし，小柄な子どもの場合には便座に座ったままでペーパーホルダーに手が届かないこともあります。その時には，手が届くところの台の上に置いてある落とし紙や切って使うばかりにカットし折ってあるトイレットペーパーを自分で取って使う段階を組み入れてもよいでしょう。

　便座に座ったままで壁に手が届くようになったら，子どもの利き手などを考え，ペーパーホルダーが操作しやすい位置にあるかを確認し，必要に応じて，その位置を変更するようにします。そして，手順を一定にして，最初は一緒に手を取りながら教えていきます。引き出す長さの目安を伝えることはなかなか難しいので，ペーパーの端を握って，握った手を適当な長さになる体の部位（例えば腰）まで持ってくるように教えるとよいでしょう。手に巻き取る方法や端が床に付くまで伸ばす方法もありますので，子どものやりやすい方法をみつけていってください。そして，空いていた方の手でカバーを押さえて，ペーパーの端を持っていた手をペーパーホルダーに近いところへ持ち替えて切るようにします。次に，切ったペーパーを片手の上に乗る大きさになるまで半分ずつに折っていきます。丸める方法もありますが，厚さにムラができ，きちんとふけないこともありますので注意が必要です。なお，子どもにはダブル（二枚重ね）は端がずれてしまってカットしたり，折ったりすることが難しくなることもありますので，シングルのペーパーが操作をしやすいようです。

Q45 おしりのふき方

大便のあとのおしりのふき方はどのようにして教えるとよいのでしょうか？

　手をとって実際の動きを教えていきます。ただし，初めのうちは子どもの手にうんちがついてしまうことがないよう，おとながきれいにふき取ったあとに，子どもの手にトイレットペーパーを持たせて一緒にふくようにします。この時，支援プログラム（Q30）で述べた背向型プログラムで一緒に手を動かしながら，手の動かし方を教えていきます。

STEP　1：おとなと一緒（身体促進）におしりをふいて，トイレットペーパーを捨てる。
STEP　2：おとなと一緒（身体促進）におしりをふき，一人でトイレットペーパーを捨てる。
STEP　3：おとなと一緒（身体促進）におしりを半分ほどふき，一人で残り半分をふいて，トイレットペーパーを捨てる。
STEP　4：おとなと一緒（身体促進）におしりまで手を持っていったら，一人でおしりをふいて，トイレットペーパーを捨てる。
STEP　5：一人でおしりをふき，一人でトイレットペーパーを捨てる。

　STEP　5まで進めて，おとながきれいにふき取ったおしりを一人でふけるようになったら，うんちがすこし残っている状態でふくようにします。そして，トイレットペーパーにうんちがつかなくなるまでふくことを教えるようにします。

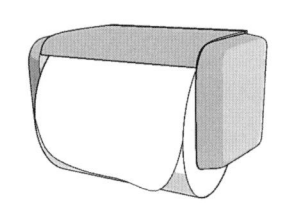

Q46 夜尿への対応

小学校4年生になっても，毎晩，夜尿があります。5年生で宿泊学習，6年生で修学旅行がありますので，それまでには夜尿をなんとか治したいと思っています。どうしたらよいのでしょうか？

夜尿には二つのタイプがあります。一つは寝付いてから1～2時間後にお漏らしをしてしまうタイプであり，もう一つは明け方にお漏らしをしてしまうタイプです。寝入りばなのお漏らしは利尿ホルモンと抗利尿ホルモンのバランスがうまく働かずに生じます。起床間際のお漏らしは膀胱にためておく量を越えてしまって生じます。夜尿のタイプを把握し，それに応じたかかわりが大切になります。

寝入りばなにお漏らしをする子は寝付いてから1時間後に起こしてトイレに連れて行ったとしても，寝てまた1～2時間後にはお漏らしをしてしまいます。医師に相談してホルモン剤の投与を受ける必要がある場合もありますが，睡眠リズムを整え，抗利尿ホルモンの増加を促すことが基本となります。

起床間際にお漏らしをする子の場合には，就寝時間，起床時間を一定にするなど生活のリズムを整えることから始めます。小学校4年生まで毎晩夜尿が続いた男の子で，起床時間，就寝時間を一定にしただけで他に特別なかかわりはなくとも，一週間も経たないうちに夜尿がなくなったエピソードもあります。そして，（Q35）のパンツ調べと同じ発想で，お漏らしがなかった日は乾いたシーツは気持ちいいことをたくさんほめるようにします。お漏らしがあった日は視線を合わせず，黙って着替え，シーツ交換をします。小学部6年生まで夜尿が時々みられた女の子は，1か月ほど乾いたシーツをほめてもらえる日が続いた後にお漏らしをしてしまい，母親が黙って着替え，シーツ交換をすると，わーんと泣き出してしまいました。そして，その日を境に夜尿はなくなってしまいました。たくさんほめられている子にとって，ほめられないことは叱られること以上に辛いことになるのです。

Q47 トイレ以外での排泄

うんちを漏らしたことを叱って以降、毎日、居間のカーテンの中に隠れてうんちをするようになり、とても困っています。どうしたら、トイレでうんちをしてくれるようになるでしょうか？

　保護者からすればうんちを漏らしたことを叱ったはずだったのでしょうが、排泄がまだ自立していない子どもからすると、漏らしたことでなく、うんちをすることそのものを叱られたと取り違えをしてしまったものと思えます。そのため、(Q35) で示した"乾いたパンツをほめる"ことと同様に、便器でうんちすることをたくさんほめることを基本とした支援を行うことになります。しかし、カーテンの中で隠れてうんちをしている子どもを無理矢理トイレに連れていくことは難しいことです。そこで、うんちをする時間がほぼ決まっていますし、便意を催すと動きが止まったりしますので、子どもの様子を観察して、うんちをしそうになったら、カーテンのところにオマルを持っていきます。そして、オマルにうんちをと軽く誘い、うんちがでたら、「気持ちよかったね」「たくさんでたね」とほめてください。そして、子どもの様子を見ながら、数日単位でおまるの位置をトイレへと近づけていってください。オマルはアヒル型でおもちゃが付いているものはうんちに集中できなくなることもあります。そのため、できればイス型（写真：BABYBJORN おまる・イス型）で、時間をかけても座れるように背もたれのあるものがよいでしょう。自分からオマルに座るようになることを目安にして、オマルをやめ、便器に誘ってみてください。なお、トイレの便座に補助便座を付けるなどして一人でできるような工夫も大切になります。

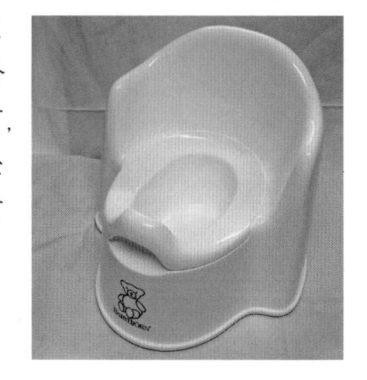

Q48 トイレ拒否

トイレに行くことをどうしても嫌がる子がいます。どうしたらよいか困っています。どんな点に注意したらよいのでしょうか？

　トイレに行くことを嫌がる原因を子どもの様子やこれまでのかかわりから読み取ることが必要になります。

　まず最初に確認することとして，うんちやおしっこの際に痛み（排便通・排尿痛）を感じていないかということがあります。便秘で排便通のある子や，尿道炎で排尿痛のある子もいますので，医師と相談し，便秘や尿道炎から治療が必要な場合もあります。

　次に考える必要があるのは，トイレという場所ではなく，人を選んで嫌がっていないかということです。（Q34）に示した女の子のように，厳しく叱られることでトイレに行くことを教えられた子は，叱る人がいないとトイレに行くことを拒否してしまうことがあります。そのような子どもの場合にはパンツ調べを行って乾いたパンツをたくさんほめ，トイレでおしっこやうんちができたこともほめるようにしていきます。

　そして，これは決してあってはならないことですが，おしっこを失敗をした時に罰としてトイレに閉じ込められたことが過去になかったかの確認が必要です。閉じ込められたことでトイレを怖がるようになった子がいます。また，おしっこのサインがいつの間にか場面逃避のサインに変化してした子（Q38参照）が，繰り返し繰り返し示すサインの真意を理解できない教師によって，おしっこをするまでトイレから出してもらえない対応をされて，トイレを嫌がるようになったケースもあります。おしっこをトイレでできていない子や，違ったサインとして覚えてしまった子をどんなにトイレに閉じ込めても決して自分からトイレに行くようなことはありません。教員の理解不足や短絡的発想で子どもを苦しめるようなことはあってはなりません。

Q49 便を漏らす子

うんちを漏らしてしまう子がいます。漏らすたびに体をきれいにして，着替えをしていますが，そこから先になかなか進みません。どのようにしたらよいのでしょうか？

　うんちを漏らしてしまう子にはいくつか原因が考えられますので，まずは個々の様子を確かめてからの対応が基本となります。

　排便のリズムが定まっていないことに加え，軟便や下痢気味のために，力んだ時などに思わずパンツを汚してしまう子がいます。このような子どもの場合には排便のリズムを整えたり，食事に注意したりすることが必要になります。どうしても改善が見られない時には医師へ相談してください。

　また，極度の偏食でうんちを漏らしてしまう子もいます。毎週月曜日の午後になると下痢になり，パンツから便が漏れてくる小学部5年生の男子のエピソードです。入所している施設から週末に自宅に帰ると，好物の餃子を焼き餃子，揚げ餃子などと趣を変え，毎食食べているとのこと。そんな極端な食事が毎週月曜日午後は下痢気味の主因と推察。好物を満足いくまで食べさせるのも親心ですが，保護者に改善をお願いし，下痢はなくなりました。

　そして，究極のコミュニケーション手段としてうんちを漏らしている子もいます。休み時間になると，うんちをパンツに少し漏らす小学校特別支援学級1年生の男子のエピソードです。ひらがな文字はほぼ読み書きができ，先生との簡単な日常会話はできました。しかし，登校直前，休み時間にはうんちをパンツにしていました。よくよく観察すると，朝は母親が支度で一番忙しい時，休み時間は先生が教室を離れた時に漏らしていました。漏らすと，母親，教師が必ず対応するので，子どもにとっては究極のコミュニケーション手段となっていたのです。時間がほぼ決まっていたので，漏らす前に対応し，トイレでうんちをすることをほめ，また，休み時間は教師がかかわるようにすることで，うんちを漏らすことは半年ほどでなくなりました。

Q50 おむつが外れない子

おむつがなかなか外れない子が多くなっているように思います。社会の変化などの影響があるのでしょうか？

　子ども用の紙おむつの巨大化が進んでいます。体重35kg対応の紙おむつまで販売され，売り上げは少子化にもかかわらず伸びているとのことです。また，吸収体の改良で長時間そのままでも大丈夫，"子どもの興味を妨げない"と。その背景には働く母親たちのニーズがあるように言われています。一方，以前は3歳近くで行っていたおむつ離れがだんだん遅れるようになり，小学校に入ってもまだおむつが外れない子が出てきています。紙おむつの巨大化とおむつ離れの遅延を短絡的に結びつけてはいけませんが，決して見過ごすことはできない状況のように思えます。障がいのない子どもの場合は幼稚園や保育所，学校で周りの子どもの様子から紙おむつをしていることを恥ずかしく感じ，自分からやめていくことも期待できます。しかし，知的障がいのある子は恥ずかしさを感じ，自分から紙おむつをやめることは難しさが伴います。また，自閉症の子どもは紙おむつに排泄することのみを経験していると，そのことにこだわってしまう危うさもあります。

　アメリカの心理学者であるアズリンとフォックスは，1970年代に，障がいのない子どもは1歳8か月半になっていれば『一日でおむつがはずせる』*とし，障がいのある子も2歳6か月になっていれば3日間でおむつが外れる支援法**を示しています。本書もこの支援法を踏まえたものです。

　おしっこやうんちの自立も学習によるものであり，いつの間にかできるようになるものでは決してありません。多忙であるからこそ，早期のおむつ離れへの挑戦もあってよいのではないでしょうか。

＊　N・アズリン，R・フォックス『一日でおむつがはずせる』（主婦の友社）1984年
＊＊大友　昇『ほめて子育て　トイレット・トレーニング』（川島書店）1997年

Q51 おむつの外し方

おむつがなかなか外れない子を担任しています。どのような点に注意して，支援を行うとよいのでしょうか？

子どもの紙おむつを外すためには，子どもに"乾いたパンツは気持ちいい""トイレで排泄すると気持ちいい"ことをたくさんたくさん伝えていくことを親と教師が共通理解しておくことが大切です。そして，大型の紙おむつがある時代ですし，当初は洗濯物が増えてしまうので，保護者の踏ん切りがとても重要になります。園や学校だけで取り組んでも成功しません。園や学校から保護者に，おむつを外し，トイレでの成功経験なしにはおしっこやうんちの自立はかなわないことをていねいに説明することが不可欠です。

そして，実行に移す際には，子どもの年齢よりも始める季節がとても重要になります。子どもが薄着になれることや，初めのうちは洗濯物が増えることを考えると，夏に入る前が最適です。最初のうちはズボン，パンツの脱ぎ着にできるだけ手間取ることがないよう，家庭で行う場合はパンツだけで過ごすこともよいでしょう。しかし，園や学校ではパンツだけで過ごすことは難しいので，ズボンへの配慮が必要になります。ジャージ生地でサイズがぴったりの短パンは脱ぐ際に時間がかかってしまい，トイレに間に合わないことになりかねません。そのため，薄手の綿生地でサイズがちょっとゆるめ（腰ゴムもゆるめ）の短パン，すこしゆるめのパンツがよいでしょう。

まず，（Q36）（Q37）のような方法にて生活の流れにそってトイレに誘う時間を大まかに把握します。そして，パンツ調べ（Q35）をきっかけにし，働きかけを（Q39）のように少しずつ変え，一人でトイレに向かうように働きかけていきます。初めのうちはタイミングが合わず，洗濯物が増えることになるかもしれません。しかし，ここでおとなが弱音を吐かず，乾いたパンツをほめることを肝に銘じて進めていくしかないのです。

3章

衣服に関する支援

Q52 家庭との連携

小学部1年生の担任になりました。子ども達には衣服の着脱を自分でできるようになってほしいと思っています。家庭との連携にはどのような配慮が必要でしょうか？

　衣服の着脱への支援は，手順の分析（Q26）でも述べたように，その手順を家庭と学校で共通化することを最初に行います。学校に入学する前から着ていた衣服は，家庭でその子の衣服の着脱にかかわってきた人の手順を教えてもらい，同じ手順で学校でも行うようにします。保護者がわが子と入学するまでの生活の中で積み重ねてきたものを，教師が真摯に学ぼうとする姿勢が保護者との信頼の形成にもつながっていきます。

　また，これから新しく身に付けていく衣服については，その子のやりやすい手順を保護者と教師で一緒に検討し，同じ手順で進めていきます。決して教師の手順を子どもに教え込もうとしてはいけません。

　そして，家庭と学校で取り組む時には，同時に始めず，まず学校が先に取り組むようにします。そして，ステップがいくらか進んだところで，家庭でも最初のステップから始めるようにします。学校ですでに取り組んでいますので，教師は働きかけのコツや気を付けるところがわかってきています。そして，子どももどんなふうにやったらよいかわかっています。その成果を持って家庭でも取り組み始めれば，失敗することが少なくなります。"学校ではできるのに，家庭ではできない"と保護者が自信を失うことがないように進めることがとても大切になります。

　支援の内容によっては，新たな衣服を用意してもらったり，衣服の改良をしてもらったりするような保護者の協力が必要になります。そのためにも，学校の様子を丹念に保護者に伝え，その着実な進み具合を実感してもらえるような取り組みにしていかなければなりません。

Q53 手順の一定化

シャツ、パンツなどを着ることは一人でできますが、次の物を着るときには渡さないといけません。何かいい工夫の仕方はありませんか？

　衣服を身に付けることができるようになるには、個々の衣服を着ることに加え、必要なものを順番に身に付けていくことができるようになることも必須です。順番に身に付けていくことを教える時にも、どんな順番で身に付けていくとよいのかを検討します。お風呂上がりであれば、①パンツ、②ランニング、③パジャマのズボン、④パジャマの上着の順でしょうか。今着ている物を脱いで、新たな物を着る場合は、①着ている物をすべて脱ぐ、②新たな物を着るでしょうか。人によっては、①今のシャツを脱ぐ、②新たなシャツを着る、③今のズボンを脱ぐ、④新たなズボンを着る…と、一つずつ換えていく場合もあるでしょう。個々の衣服の着脱の手順を教える際にも、どの順番で着ていくかがありますので、複数の衣服の着脱順も検討しておくことが不可欠です。

　なお、教師や保護者から渡された衣類を着る段階から、自分で衣類を取って着る段階に移っていくためには欠かすことのできない大事な段階があります。それは、籠や箱に着替える順番に上から重ねてあるものを自分で取って着替えていく段階です。この場合、着替えのたびに教師や保護者が前もって籠や箱に衣類を上から着る順番を整えて入れておくことが必要になります。しかし、子どもは一人で着替えることができたと達成感を強く感じることができます。そして、その取り組みを続けていく中で、衣類を身に付けていく順番も体得していくのです。

Q54 二種類の声かけ

着替えの声かけは前からゆっくりはっきり行うように心がけてきました。しかし、声かけをしすぎると声かけがないと着替えない子どもになるとも聞きました。どう考えるとよいのでしょうか？

まず最初に、教師が声かけをどのようなつもりで行っているかを考える必要があります。声かけは"指示"と"プロンプト"に分けることができます。指示であれば相手にどれだけ伝わったのかが重要となります。プロンプト（Q27）であればどのようにして外していくかが重要になります。

質問の『前からゆっくりはっきり行う』は言語指示として声かけを考えた時の注意点になります。一方、『声かけをしすぎると声かけがないと着替えない子になる』はプロンプトとして声かけを考えた時の注意点になります。

脳性まひなどのために教師の言語指示に合わせて確実に着替えの動作を行うようになってほしいと思う場合には、声かけを『前からゆっくりはっきり』と行うことがとても重要になります。

それに対し、まひがない知的障がいのある子や自閉症の子が一人で着替えるようになってほしいと思う場合には、確実性が高く、依存性が低い身体促進を主に用い、確実性が低く、依存性が高い言語促進は必要がないなら最初から使わないようにします。そして、身体促進の依存性を更に低くするためには、子どもの背後から支援を行います。前方から支援を行い、子どもから話しかけられるなどすると、支援ができなくなってしまいます。つまり、教師はあくまでも黒子に徹する必要があり、自分をどうやって消していくのかを常に意識しておくことになります。加えて、背後から支援した方が多くの動作の場合には子どもとおとなの手の動きが一致しますので、支援そのものが容易になります。

"声かけがないと動かない子"は教師がそのように育て上げた可能性もあるのです。声かけ一つにも思案を巡らすのがこの教育の専門性となります。

Q55 支援プログラムの組み方

子どもに衣服の着脱を教える時の支援プログラムはどのようなことに注意して組むとよいのでしょうか？

　衣服着脱の支援プログラムは子どもが達成感を感じやすく，失敗することが少ない背向型プログラム（Q30）で考えることが基本となります。
　丸首シャツを脱ぐ動作を例に挙げると，まず手順の分析を行います。

① シャツの襟ぐりを両手で持つ
② 襟ぐりを上に引き，頭を抜く
③ 右袖を持ち，右腕を抜く
④ 左袖を持ち，左腕を抜く

　そして，背向プログラムへと組んでいきます。

Step1：①〜④をおとなの手添えで行う
Step2：①〜③をおとなの手添えで行い，④を子どもが一人で行う
Step3：①，②をおとなの手添えで行い，③，④を子どもが一人で行う
Step4：①をおとなの手添えで行い，②〜④を子どもが一人で行う
Step5：①〜④を子ども一人で行う

　子どもと実際にやり始めてみて，子どもにやりにくい様子が見られた時には，手順の分析を再検討してみます。例えば，"② 襟ぐりを上に引き，頭を抜く"がやりにくいような時には"②−1　襟ぐりを上に引き，頭の上まで持ってくる""②−2　シャツの背中の部分を持ち，上に引く"のように分析を細かくしたり，変更していきます。また，支援プログラムのステップは"課題分析数＋1"で組みますが，子どもの様子に合わせて，省略したり，追加したりしてその子どもにあった修正プログラムとしていきます。再分析や修正は子どもの様子に合わせて躊躇せずに行っていきます。

Q56 ボタン

幼稚園の年中組になる子どもとボタンの止め外しの練習を始めたいと思っています。どんな点に注意するとよいのでしょうか？

ボタンの止め外しを行うには指先の動きをスムーズにできることや、目と手の動きを合わせることができるなどの体の機能面での発達が必要になります。しかし、これらの機能が発達するまで全面介助で行っていると、子どもによってはおとなに全面介助でやってもらうことを学習してしまうことにもなりかねません。そのため、生活の中での必要性に合わせて、操作しやすい大きさのボタン、ボタンホールから始めるなどの配慮をして、実際にボタンを止めたり、外したりする動作を教えていきます。

ふだんの着替えの場面ではボタン止めを頑張ろうとの意欲を高めることが難しい時には、食事（給食）を食べる前に、スモックを着るような場面の工夫をします。その際、古くなったＹシャツを仕立て直して、子どもの様子に合わせてボタンの大きさ、数などを変えることができるスモックを自作できるととても役立ちます。パジャマのボタンを止めたら布団の上で遊べる、外出用スモックのボタンを止めたらお散歩できるといったような場面設定もいいでしょう。なお、止めることはできても、外すのは力任せに引っ張るような子もいますので、別の動きとして教えていくことも必要です。

ボタンとボタンホールが一旦ずれてしまってからのやり直しはとても難しいので、シャツの一番下のボタンとボタンホールから始め、上に向かって順番に止めていくように教えていきます。

机の上でボタン止め外しを練習するような教具もあります。ただし、自分の着ている衣服のボタンの止め外しとは手の動かし方が異なります。そのため、子どもによっては手の動かし方を混乱してしまうようなこともありますので、注意が必要です。

Q57 ファスナー

寒いときにジャンパーを一人で着ることができるように，ファスナーの操作を教えたいと思っています。どんなところに注意するとよいのでしょうか？

　パーカー，ジャンパーなどのファスナーの付いた上着を着用できるようになると，防寒などのために着合わせができるようになります。スライダーを上げたり下げたりする動作は比較的簡単な動作です。しかし，スライダーがテープを噛んだり，歯からずれたりすると，一人ではやり直すことが難しくなります。そのため，利き手ではない手でファスナーの根元当たりを下に引っ張りながら，利き手でスライダーを動かすといった一連の動作を最初から教えることが大切です。子ども用の衣類に付いているスライダーには引き易いように布製タグが付いていることが多いのですが，それでも握りにくいようでしたらリングなどを付けてみる工夫が必要になります。

　ファスナーの操作で一番難しいのはスライダーを箱＊まできちんと下げ，蝶棒＊＊をスライダーに差し込む動作です。立った姿勢では首を真下に向け続けての操作になるため，時間がかかると，腕も首もだんだん疲れてきて，怒りだしてしまう子もいます。扱いに慣れてくるまでの間は，イスに座って一連の操作を行うようにします。手首を太ももの上に軽く置き，少し前屈みになって操作します。そうすると，腕も首もあまり疲れず，スライダーを手元近くで見ることができるので，子どもも頑張ってくれます。

　また，女の子はスカートのファスナーの扱いを教える必要があります。デザインによってファスナーの位置や長さが変わるため，手の動かし方を一緒に確認しておくことが必要になります。

＊　　箱：スライダーがあるテープの歯の一番下にある四角い金属
＊＊蝶棒：スライダーがないテープの歯の一番したにある細長い金属

Q58 蝶結び

小学部5年生の男の子の母親です。子どもがスニーカーをはきたいと言うようになりました。蝶結びはどうやって教えたらよいのでしょうか？

　蝶結びを教える時も手順の分析から始めます。手順の一例を図に示しましたが，図解していくとわかりやすくなります。子どもと生活を共にすることの多い人の手順を分析しますが，⑨，⑩の輪差（ひもを輪の形に結んだもの）の扱いは子どもに合わせて考えてください。ひもの左右を異なる色にして教えるやり方もありますが，左右にひもの色が異なるスニーカーはありませんので，手の動きで覚えるようにします。背向型プログラムを組み，手順の最後の方から順番にできるようにしていきます。

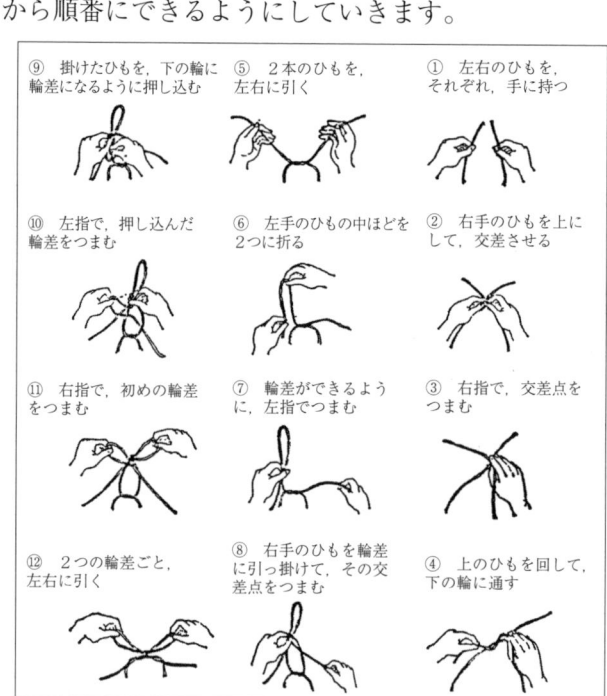

⑨ 掛けたひもを，下の輪に輪差になるように押し込む

⑤ 2本のひもを，左右に引く

① 左右のひもを，それぞれ，手に持つ

⑩ 左指で，押し込んだ輪差をつまむ

⑥ 左手のひもの中ほどを2つに折る

② 右手のひもを上にして，交差させる

⑪ 右指で，初めの輪差をつまむ

⑦ 輪差ができるように，左指でつまむ

③ 右指で，交差点をつまむ

⑫ 2つの輪差ごと，左右に引く

⑧ 右手のひもを輪差に引っ掛けて，その交差点をつまむ

④ 上のひもを回して，下の輪に通す

Q59 カギホック・ホック

衣服のカギホック，バネホック，スナップボタンの止め外しも必要になると思いますが，どんなふうに取り組んでいけばよいのでしょうか？

　カギホックはズボンやスカートのウエスト部分を固定するために，その操作をやることが多いかと思います。手元が見えない動作になりますでの，手順の分析を金具の持ち方も含めてよりていねいに検討します。特に，カギホックを止める時には，先にファスナーを閉じるのか，それとも後に閉じるのかも検討しておきます。これらの手順も，思いの外，人によって異なりますので，教える人が変わっても一定の手順で子どもに教えることができるようにしておきます。そして，背向型プログラムにて，子どもの背後から手を回し，まずは手の動きを一緒にやるところから始めます。なお，初めのうちは，差し込み金具の口を少し広げておいてもよいでしょう。

　バネホックは主にジャンパーなどの衣類やバックの開口部の開け閉めをする際に操作することになります。バネホックを止める際には指の腹に力を入れて押し込んだり，外す際にはホックの近くを持って瞬時に力強く引き離したりする動きが必要になります。まずは，レッスンバックの開口部の留め具をバネホックにして，子どもの手をとって一緒に行い，力の入れ具合や外し方のコツを教えるようにします。そして，ジャンパーなどの衣類のバネホックにも挑戦するとよいでしょう。

　スナップボタンは小さな金具のために子どもの手には操作が難しいこともあってか，マジックテープが広く使われるようになってからはあまり使われなくなってきたようです。引っ張ると簡単に外れますが，金具の近くを持って操作することを教えるようにします。

Q60 パンツ

パンツのはき方を練習していますが，おしりのしたでパンツが丸まってしまい，なかなか一人ではくことができません。丸まらないようにするためにはどうしたらよいのでしょうか？

　お風呂上がりやプールを上がったあとのように，体が汗をかいていたり，濡れていたりするときにパンツをはこうとすると，おとなでもパンツがおしりのしたで丸まってしまうことがあります。

　子どもにとって，いったん丸まってしまったパンツを元に戻してはくことはなかなか難しいことです。そのため，パンツが丸まらないような手順を考える必要があります。このことにかかわって，アズリンとフォックス*，そして，大友**は，パンツを膝まで上げたら，図のように，パンツのウエスト部分を持つ手を横から前後に持ち替える手順を薦めています。このやり方を子どもに教えるとすんなりとやってくれます。子どもがうまくやれない時には，パンツはきのように，手順そのものから見直すことも必要になるのです。

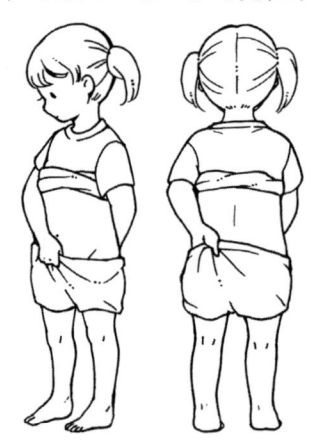

＊　N・アズリン，R・フォックス『一日でおむつがはずせる』（主婦の友社）1984年
＊＊大友　昇『ほめて子育て　トイレット・トレーニング』（川島書店）1997年

Q61 長ズボン

小学部6年生の男の子の母親です。中学部からは制服の長ズボンを立ってはくことが必要になるので，今から取り組みたいと思っています。どんなふうに進めていくとよいのでしょうか？

　立って着替えることができるようになると，狭い場所や床が濡れているような場所でも着替えることができるようになりますので，中学部進学などの機会をみつけて積極的に取り組むことにしましょう。

　最初から長ズボンを立ってはく練習は難しいので，半ズボンから練習を始めるようにします。壁にもたれかかってはく方法もありますが，足下が安定しなかったり，腕や肘を動かしにくかったりするため，はいている途中でバランスを崩してしまいがちです。また，バランス感覚が育つまで待ってから始めようとすると，なかなか先の見通しが持てなくなってしまいます。

　そこで，着替えの時の教師の支援の原則（Q54）に則し，おとなが子どもの背後に立ち，子どもがズボンをはき始めたら，子どもの両脇に手を入れ，子どもがバランスを取れるように保持します。そして，子どもの様子に合わせて，【手全体で支える→指だけ支える→指2本で支える→指1本で支える→指1本を脇に浮かしておく…】のように，少しずつ支える手を離していきます。子どもがバランスを崩しそうになった時にはしっかりと保持できるので，子どもは安心してズボンはきに向かうことができます。

　半ズボンを立ってはけるようになったら，長ズボンにも挑戦します。ズボン丈の長さの違いのために扱いに手間取ることもありますので，裾を膝下くらいまで折ったズボンから始めるとよいでしょう。バランスを崩すこともありますので，半ズボンの時に行った背後から脇を支える身体促進を短期間でよいので行うと，子どもは安心して取り組むことができます。

Q62 トレーナー・Tシャツ

来年から幼稚園に通うようになるので，Tシャツやトレーナーのようなかぶりシャツを一人で着ることができるようになってほしいと思っています。親が注意することを教えてください？

　かぶりシャツで最初に注意をしないとならないのは，襟ぐり（ネックライン）の広さです。子どもの頭囲は他の部位よりも早く大きくなるので，子どものかぶりシャツはおとなのかぶりシャツよりも襟ぐりが体位に比べて大きく作られています。しかし，メーカーによってはおとなのかぶりシャツと同じサイズバランスになっているものがあり，頭がやっと通るようなかぶりシャツもあります。デザインも大切ですが，子どもが自分で楽に脱いだり着たりすることができるように襟ぐりの広いシャツを選んでください。

　脱ぐ手順としては①襟ぐり→袖，②袖→襟ぐり，③裾→袖の3パターンが主な手順になります。いずれの手順にするかは，家庭との連携（Q52）で述べましたように，その子の衣服の着脱にかかわってきた人の手順に合わせるようにします。ただし，裏返しに脱いでしまうと表に返す手間が増えますし，子どもには難しくなります。洗濯でシャツの表生地が痛まないように裏返しに脱ぐ家庭は別として，いずれの脱ぎ始めであっても最後は表に脱ぎ終わる手順にしてください。

　着る手順としては①襟ぐり→袖，②袖→襟ぐりのいずれかのパターンになります。①は襟ぐりに頭を通しているうちにシャツが回ってしまい前後がわからなくならないように教えていきます。②はシャツの袖が自分の肘くらいまで入ったら頭を襟ぐりに入れるように教えていきます。

　シャツの前後を教える方法としては，決まった位置にプリントしてある名前シールを確認する，タグを確認するなどがあります。これらの印を確認する手順も着る手順の中に組み入れておき，子どもが自然な流れの中でできるようにしてください。

Q63 カッターシャツ・ブラウス

小学部6年生の担任です。中学部からは制服でカッターシャツ，ブラウスを着るようになります。子ども達が困らないようにしたいと思っています。どんなことを取り組めばよいのでしょうか？

　カッターシャツ，ブラウスを着る際には，手順が年少のままになっていないか，背中でねじれた時の対応ができるか，襟を内側に折り込んだ時に対応ができるか，ズボン，スカートの中に入れることができるか，ボタンとボタンホールを対応させて止めることができるかを主に注意します。

　年少児には，裏側を上にして置いてあるシャツの一番上のボタンとボタンホールあたりをそれぞれ手で持ち，そのまま万歳の動きをし，シャツを背中に羽織り，腕を通すような手順で教えることがあります。しかし，動作が大きくなりますので，おとなになっても続けることができません。片袖に腕を通し，体を少し傾けて，逆の袖に手を通す手順に切り替えていきます。

　背中でねじれた時の対応だけを教えようとしても難しいので，ねじれない着方を教えます。片袖に腕を通したら，通した手で襟を持って数回振るやり方や，通していない手で襟を持って数回振るなどがありますので，子どもがやりやすい手順で取り組むようにしてください。

　襟の折り込みやシャツの裾が入っていないことを着心地の違いだけで気付くことは難しいので，姿見や洗面台の鏡などを使って確認する習慣を付けていきます。鏡には左右の向きが逆に写りますので，手の動かし方が混乱する場合もありますので，おとなが手を添えながら一緒にやっていきます。また，一人で確実に確認できるようにチェックリストを用意してもよいでしょう。

　ボタンとボタンホールがずれないようにするには，ボタン（Q56）でも述べましたように，一番下のボタンとボタンホールを最初に止め，そして，上に向かって順番に止めていくように教えます。

Q64 靴

子どもが来年から幼稚園に通います。幼稚園では上靴と下靴を日に何度もはき替えるので，靴を一人ではくことができるようになってほしいと思っています。どうしたらよいのでしょうか？

　上靴は幼稚園指定の靴があるかもしれませんが，一人ではくことに慣れるまでは，足が入りやすいように，柔らかな素材を使ってある靴で少し大きめのサイズを選んでください。また，かかとを踏みつぶしてはく習慣が付かないことと，かかとを引っ張りやすいように，かかとの部分に厚みがある靴がよいでしょう。

　靴のはき方を教える際にまず注意しなければならないのは，働きかけのタイミングです。"玄関まで一緒に来たら，子どもが自分から靴をはくように離れておく。しばらく待っても靴をはく様子が見られない時には手伝う"といった働きかけをしている学校や園が少なくありません。しかし，多くの子どもの場合は，スクールバスなどの都合で時間切れとなり，教師がはき替えさせることの繰り返しになっています。このパターンは，子どもに"玄関に座って待っていると教師がやってきて靴をはかせてくれる"ことを教えているのと同じことなのです。このような状況に決して陥らないようにするためには，玄関に来たら，最初のうちは全面介助でもよいので，すぐに靴にはき替えるようにします。そのことを通して，玄関は靴をはく場所であることを子どもに明確に伝えます。そして，背向型プログラム（Q30）にてプロンプト（Q27）を子どもの様子に合わせて外していきます。

　また，靴の扱いに慣れるまでは玄関の上がり口に腰掛けてはくようにしてください。上靴をはく時には風呂椅子のようなものがあるといいでしょう。近年，外から室内まで段差なしで入れるようなバリアフリー設計の建物が増えてきています。そのため，子ども達が腰掛けて靴をはき替えることができるような台を置くなどの工夫が逆に必要となっています。

Q65 靴下

これまでは靴下をはかせていましたが、一人ではけるようになってほしいと思っています。かかと合わせなどが難しいように思いますが、どんな工夫をしたらよいのでしょうか？

　くるぶしまでの短い靴下から始めるようにしましょう。また、伸縮性のよい靴下は途中で指が引っかかってしまうことがあるため、最初のうちはあまり伸び縮みしない生地の靴下を選んでください。そして、これまでの衣類と同様に、手順の分析（Q53）を行い、背向型プログラムにて、背後から手を添えて（身体促進・Q54）、靴下のはき方を教えます。この時に注意してほしいのは、靴下をはく足の足裏が床と並行になるような姿勢を取るようにすることです。親指が上にきた状態ではくと、靴下がねじれやすく、つま先やかかとを合わせることが難しくなります。膝を立ててはくようにすると、足裏が自然に床と並行になります。しかし、床に座って膝を立てる姿勢をとることは子どもには案外難しいものです。そのため、初めのうちは、幼児用イスなどに腰掛けて座ってはくようにしてみてください。そして、おとなが子どもの後ろから手を添えて一緒にはきながら、膝が倒れないように腕などを使って支えてください。つま先やかかとを合わせることを教える時のことも考えて、最初から靴下がねじれないようなはき方となるように進めていきます。

　つま先やかかとを合わせることをわかりやすくするために、つま先やかかとの色を変えてある靴下、例えば、作業用靴下や野球用アンダーストッキングはつま先とかかとの部分が補強素材で色が変わっているので、つま先やかかとを意識して合わせる練習に役立ちます。

　なお、袋状に編まれたチューブソックス（軍足）であれば、かかとを気にせずともはくことができるので、子どもの様子に合わせて活用してみるのもよいでしょう。

Q66 手袋

小学部3年生の女の子です。冬になると両手がしもやけになるので手袋をはめることができるようにと思っています。どんな手立てで教えたらよいのでしょうか？

　手袋をはめることは子どもにとって難しいことです。段階を追って教えていきます。

　最初にリストバンドを手に付けることから始めます。手の指先を合わせてリストバンドに入れ，指先から拳，手の甲，手首へと移動させていきます。この動きがちょうど手袋の口の部分に指先を入れて動かす動作と重なります。この動きができるようになれば，ミトン手袋をはめることに挑戦します。ミトン手袋は親指とそれ以外の指を別に動かすことになりますが，親指を入れるコツをつかむと，あとは一人でもできるようになります。

　そして，ミトン手袋から手袋に移ります。しかし，初めのうちは手袋は五本の指をそれぞれに動かすことが難しいので，指先がカットされている指切手袋を使うようにします。指切手袋は指を入れることもしやすいので指の動かし方を練習できます。親指，人差し指，中指，薬指，小指の順番で入れていくと入れやすいことも教えます。なお，利き手に手袋をはめることは難しいので，初めのうちは指を入れるところを手伝うことも必要です。そして，一人で両手に指切手袋をはめることができるようになったら，手袋をはめるようにします。指切手袋は指先が出ているために指先の力が使えます。しかし，手袋では指先に力を入れにくくなりますので，利き手に手袋をはめる時は様子を見ながら，また手伝うようにします。

　手袋はなくしてしまうこともよくありますので，手袋は外したらランドセルに入れるなどのことも合わせて教えていきます。

Q67 雨具

保育所までは親が送迎していましたが、小学校からは一人で通うことになります。雨の日の登下校がとても心配です。傘、雨靴、レインコートはどんなものを購入したらよいのでしょうか？

　傘はワンタッチで開く傘がほとんどになっていますが、バネが強いと開いた時に体をもっていかれそうになったり、閉じることができなかったりすることがあります。そのため、バネが柔らかな傘を選ぶようにします。また、初めのうちは、周囲の人に気を使わずに広げてしまい、しぶきを掛けてしまったり、ぶつけてしまったりすることがありますので、手動式の傘から始めてみてもよいかもしれません。また、先端は金属製ではなく、プラスチック製で球形の傘をお勧めします。前方を確認しやすいように、一部に透明生地を使っている傘もあります。いずれにしても、子どもと一緒に売り場に出かけ、サイズ、重量、バネの強さなどを実際に確かめて購入してください。

　雨靴ははきやすさから考え、筒部分があまり長くなく、はき口の広いものがよいでしょう。昔ながらの長靴タイプに加え、シュートブーツタイプのはきやすい雨靴も多くなってきましたので、店頭で実際にいろいろはき比べてみてから決めるようにするとよいでしょう。

　レインコートは傘を上手にさせない間は必要になります。ランドセルを背負ったまま着ることのできる通学用レインコートを活用するとよいでしょう。ただし、前開きでバネホックの扱いが難しい時には、ポンチョ型レインコートでもよいかと思います。なお、レインコートは脱ぎ着を含め、掛け置く場所も必要になりますので、購入前に学校と使用可能かも含めて相談してみてください。

Q68 衣類の整理

中学部の担任です。生徒は衣服の脱ぎ着は一人でできますし，たたむこともほぼできています。しかし，ロッカーが狭いので，たたんだものが崩れてしまいます。どうしたらよいのでしょうか？

　衣類の整理整頓はおとなにとっても大事なことと頭でわかっていても，なかなか実行できないものです。生徒に整理整頓を求める際には，どのようにするとよいかを具体的に示し，そのとおりにやるだけで整理整頓ができているようにしていくことが大切です。学級の朝会などで「片付けましょう」と繰り返して唱えても仕方ありません。

　今回の"更衣室で着脱もたたむことも一人でできるようになった。しかし，教室に運んでくる間に崩れてしまう。ロッカーにたたんだものを入れようとすると狭くて入らずに崩れてしまう"のような状況は多くの学校・学級で抱えている課題です。

　この解決に役立つのが風呂敷の活用です。脱いでたたんだものを風呂敷に包んでまとめてしまうのです。少々崩れ気味にたたんでいても，風呂敷で包んでしまえば全く問題ありません。このやり方は昔からこの教育で行われてきたものです。しかし，世間一般で風呂敷があまり使われないようになるに従い，学校での活用も少なくなってきました。風呂敷の使い方を身に付けておくと，生活のいろいろな場面でも応用することができます。最先端の技術に注目するばかりではなく，この教育で培われてきた生活の知恵も大切にしていきたいものです。

Q69 時間短縮

学校での着替えに時間がとてもかかってしまう生徒がいます。ほかの生徒から遅れないように何度も言っていますが，ほとんど変わりません。どんなふうにかかわったらよいのでしょうか？

　担任から朝の着替えに時間がかかって仕方ないと言われた中学校特別支援学級2年生男子生徒のエピソードです。技能的にはほぼ一人でできる状況でした。まず月曜日から金曜日まで5日間の着替えに掛かった時間を記録するようにしました。すると，月曜日18分，火曜日15分，水曜日は17分，木曜日は12分，金曜日は14分でした。この5日間の時間をベースラインとして，最初に取り組む時間を設定しました。一番遅かった日で18分，一番早かった日で12分でした。叱っても着替えが早くなることはなかったので，それよりも頑張って着替えたと感じることのできる状況となるように，第一段階は20分内に着替えるようにしました。タイマーを20分にセットして，タイマーが鳴るまでに着替えることができたら丸シール1枚をゲット。丸シールが5枚貯まったらワンピースのシールと交換。20分の設定であれば時間内に必ず着替えることができる設定でしたので，5日目の金曜日には○シールが5個貯まり，ワンピースのシールと交換することができました。そして，翌週からは第二段階として18分以内として設定しました。これも連続クリア。これ以降も時間を少しずつ短くしていき，男子生徒は10分以内で着替えるようになりました。

　今回のようなケースでは，一日も早く期待する姿にとの思いも相まって，一番早かった時間に着目しがちです。そして，この生徒は12分で着替える"力"があるはずと決めてかかり，第一段階を12分（もしくはそれよりも短い時間に）に設定してしまいます。しかし，12分内で着替えることはなかなか難しく，時短には至らないままになってしまいがちです。その子のできるところを見いだし，成功経験の連続としていくことが支援の鍵です。

Q70 身だしなみ

息子が来年から高等部に進学しますが，公的交通機関を利用して通学しますので，少しでも身だしなみに自分から気を付けるようになってほしいと思っています。どうしたらよいのでしょうか？

おとなに近づくにつれ，清潔感ある服装，身なりであることがとても重要になってきます。しかし，自然に身だしなみに気を付けるようになることは難しいため，適切な支援が不可欠になります。

身だしなみが難しかった高等部1年生の男子生徒のエピソードです。特別支援学校に高等部から入学した男子で，入学直後から一人で電車に乗って通学することができました。家庭は農家であり，父母は早朝から仕事をしているため，朝食は祖母と取り，身支度は一人でやっていました。登校前にその状況をチェックしてくれる人はおらず，Yシャツは5日間変わらず，靴下は表裏が入れ替わりながらはき続けるなど，5日間同じ衣類を身に付けていました。そこで，5月になって，学校で本人に毎日とり替える方がよいと話し，保護者にも配慮してほしいと依頼しました。しかし，男子生徒の身だしなみが改善される様子は全くみられませんでした。そこで，連絡帳用ファイルの1枚目に身だしなみのチェックリストを付け，自分で登校前に確認するようにしました。項目は「Yシャツは替えたか」「靴下は裏になっていないか」「ハンカチは替えたか」「ベルトはベルト穴を通っているか」「靴紐は結んでいるか」の5点。そして，登校後に担任が確認するようにしました。最初の頃は付けたり付けなかったり，○となっていてもできていなかったりが続きました。しかし，夏休み前には，完璧とまではいかないまでも登校前の確認は一人でできるようになりました。

自己管理ができるようになるには，このようにチェックリストなどを活用してみてください。

Q71 洋服選び

学校卒業後のことも考えて、休日などに出かける際の服装などを子どもが自分で選んで着るようになってほしいと思っています。どんなことに気を付けたらよいのでしょうか？

　発達に遅れのある子は幼い頃から保護者が選んで購入した衣服を着ることが多く、自分で好きな洋服を選んで購入した経験に乏しい子が少なくありません。そのため、衣類を選んで着ることに無頓着になっている子も少なくありません。"学校を卒業したら制服ではなくなる"から対応するのではなく、遅れのない子たちがそうであるように、小学校（小学部）高学年くらいになったら、子どもにどんな衣類を着たいのかを尋ね、色の組み合わせ、デザインなどについて助言するようにしてください。その際、新聞に入ってくる衣類量販店のチラシが活用できます。モデルが着ている服の組み合わせを一緒に見ながら、「こんな着方は格好がいいね」「このシャツは素敵だね」などと話してみてください。そして、店頭で実物を手にとってみて、親子で「これ良いね」「これはん～？」のようなたわいない会話がとても大切になってきます。いくつか購入候補を決めたら、最終判断は子どもに任せます。さらに、購入した衣類は自分でタンスや衣類ボックスに片付けるようにします。タンスや衣類ボックスは衣替えの際に一緒に子どもと入れ替えをし、また、ほとんど着ることがない衣類は処分して、子どもが悩まずに衣類の選択や組み合わせができるようにしておきます。

　なお、同年代の人との交流の中で洋服の流行などを知る機会があまり多くありません。そのため、若い教師には"先生みたいな洋服を着てみたい"と生徒のファッションリーダーになってほしいと願います。トレーナーにジャージで出勤し、そのまま授業、そして帰宅ではその役は厳しいかと。若い教師にしかできない身をもってのお手本を期待します。

Q72 寒暖の調整

寒暖に合わせて衣服の調整ができるようになってほしいと思っています。子どもにどんなふうに教えていったらよいのでしょうか？

　発達に遅れのある子は，自分で衣類を選択して着る経験が少ないことや，暑い・寒いという抽象的な表現の理解とその対応に難しいことがあり，寒暖に対応した衣服の調整の支援も必要になります。

　衣替え（6月1日，10月1日）に合わせて着る物を変えていた小学部5年生の男の子のエピソードです。6月1日，10月1日になると自分でタンスの中の衣類を入れ替え，この日を境にポロシャツは長袖と半袖を，靴下はハイソックスとスニーカーソックスを着分けていました。また，テレビの天気予報で告げられる最高気温に合わせて，ベストとセーターのどちらを着るかを自分で決めていました。母親によると特に教えた訳ではないとのこと。日によっては暑かったり寒かったりすることもありましたが，カレンダーどおりに決めることで自分で寒暖に合わせて一年を過ごすことができていました。

　やや紋切り型ではありますが，この男の子のように，カレンダーに合わせて切り替えたり，その日の天気予報に合わせて判断したりするような手立ては活用できます。また，親子で四季に応じた衣類を楽しむような感覚で，季節に応じて衣類を買い換えたり，衣替えに合わせてタンスの衣類の整理を一緒にしたりする経験の積み重ねも大切になります。

Q73 衣類へのこだわり

特定の衣類しか身に付けない子，下着を付けたくない子，冬でも薄着で過ごす子がいます。どのように支援していくとよいのでしょうか？

　学ランが重たいと一年中をワイシャツで通す全国トップクラスの進学校の男子高校生。パンツのゴムの締め付けが嫌とパンツなしでズボンだけはいている小学校通常学級2年生の男の子。肌に触るものすべて嫌と一年中をランニングシャツと綿の短パン（パンツなし）で通す幼稚園年長児など，特定の衣類しか身に付けない子や衣類をほとんど身に付けたがらない子の相談を受けることも少なくありません。こうした子ども達は衣類へのこだわりだけではなく，食事，遊びなどのほかの面でもこだわりがある場合も多く，感覚過敏の場合もあります。

　まず最初に行うことは"常時のことなのか，限定された時間・場面だけのことなのか""衣服のどの素材でもなのか，ある特定の素材だけなのか""自分で選んだ衣類なら着ることができるのか，選びもしないのか"などの衣服に関する状況を確認することです。"限定的な時間・場面"にだけこだわっている子であれば，着ることのできている状況を拡張していくことが主眼になります。"素材"であれば，その素材を極力避けるようにするか，肌に当たる感覚などに慣れていくようにしながら着用している時間を少しずつ延ばしていくことからスタートとなります。"選択性"であれば，子どもの着たくないものと着たいものを呈示し，自己選択できる状況をセットすることからスタートになります。高校生は学ランを着たら修学旅行に参加できること，小学生はゆるめのゴムのパンツなら大丈夫なこと，幼稚園児は柔軟剤仕上げの柔らかな綿素材なら大丈夫なことをそれぞれに確かめ，少しずつ迫っていきました。ただし，本人にほとんど困り感がないので，焦りと無理強いは禁物です。

発展資料Ⅱ －更に深めたい読者へ－

┌ 排泄支援 ┐

○駒田美奈・坂本　裕「軽度の精神遅滞を伴う肢体不自由児への排泄指導」発達障害支援システム学研究．第5巻1号，7頁－11頁，2006年

○坂本　裕「中度精神遅滞児の排尿指導」発達障害研究，第10巻4号，298頁－305頁，1989年

┌ アレルギー ┐

○坂本　裕・清水由貴・西田沙織・沖中紀男「特別支援学校におけるアレルギー疾患に関する調査研究」発達障害研究，第34巻4号，388頁－396頁，2012年

┌ 拒食支援 ┐

○酒向説子・坂本　裕「中学校において養護教諭が行う健康相談活動に関する実践的検討（2）食欲不振を訴える情緒不安定な男子生徒の事例を通して」九州ルーテル学院大学発達心理臨床センター年報，第4号，59頁－63頁，2005年

┌ 社会生活支援 ┐

○杉山　章・坂本　裕「座席へのこだわりがみられる自閉症児のバス通学に関する一支援事例」九州ルーテル学院大学発達心理臨床センター年報，第2号，45頁－50頁，2004年

4 章

清潔に関する支援

Q74 家庭との連携

体の清潔さを保つために，毎日の生活の中で行う体洗い，洗面，歯磨きなどを家庭と学校で連携して取り組もうとする際，学校はどんなことに注意するとよいのでしょうか？

　特別支援学校や特別支援学級で行われる校内合宿などの宿泊行事における個別の指導目標に"お風呂に入る手順を覚える""一人で体を洗うことができるようになる"といったような目標を目にすることがあります。年に1回だけ教師と家庭のお風呂とは勝手の違うお風呂でこれらの目標を真に達成できると思っての目標設定なのでしょうか。それよりも，毎日のように家族と入っている家庭のお風呂で"お風呂に入る手順を覚える""一人で体を洗うことができるようになる"ことを少しずつ覚えていくことが真ではないのでしょうか。強いていえば，家庭での取り組みが進まないときに，教師が一緒に入った時の様子からヒントを得ることができるかもしれません。しかしあくまでも，取り組む基本の場は家庭であり，お風呂の入り方の支援プログラムを考える時にはお風呂の広さ，蛇口，石けんの種類などを各家庭ごとに考えながら対応していくことが原則となります。

　歯磨きは給食のあとに時間を取ることができますので，家庭と学校で同時に進めていくことができます。ブラッシング，爪切り，ひげそりは学校よりも家庭で行うことが主になり，家庭で進めていくことになります。

　このような発想に基づいて，子どもの生活の姿から家庭でしかできないこと，学校でしかできないこと，双方でできることを教師と保護者が本音で語り合い，それぞれに自分ができることに丹誠に取り組んでいきます。そして，教師と保護者がその状況を子どものために真に共有していくしかないと考えます。

Q75 行動の成り立ち

手順の分析を考えていると，どこからどこまでを一つの行動と考えてよいのかがわからなくなります。どんなふうに分析するとよいのでしょうか？

　手順を分析していく際には，行動のレベルを意識しながら行っていくことが必要になります。行動は図のように【job → duty → task → FRU* → movement】の５つの階層に分けることができるとされています。

　job は生活の大きな流れで【食事→入浴→就寝】などがそれに当たります。duty は【入浴】を更に分けたレベルで【脱衣→温浴→体拭き→着衣】となります。task は【温浴】を更に分けたレベルで【掛かり湯→入湯→洗髪→洗いタオル作り→体洗い→洗いタオル洗い→体流し】となります。FRU は【体洗い】を更に分けたレベルで【首→右腕→左腕→胸→腹→右足→左足→お尻】となります。movemnet は FRU を成り立たせる【握る，離す，摘まむ】などの動作になります。

　手順を分析していく際には，こうした行動のレベルをそろえることに最も気を付けるようにし，子どもにとって，そして，自分にとって，今なにをやっているのかが明確になるようにします。

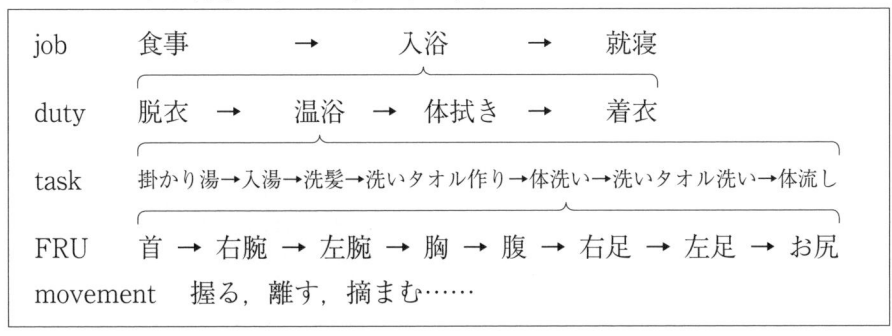

job	食事　　　　→　　　　入浴　　　　→　　　　就寝
duty	脱衣　→　　温浴　→　体拭き　→　　着衣
task	掛かり湯→入湯→洗髪→洗いタオル作り→体洗い→洗いタオル洗い→体流し
FRU	首 → 右腕 → 左腕 → 胸 → 腹 → 右足 → 左足 → お尻
movement	握る，離す，摘まむ……

＊ FRU : functional responce unit

Q76 家庭への配慮

学校から家庭で子どもに体を洗ったり，顔を洗ったりすることを教えてもらうように話をする時，どんなことに配慮するとよいのでしょうか？

　最近，入浴や洗面を一人でできるようにと，洗い場や洗面所に取り組む順序やポイントを文字カードや写真カードにして貼っておき，子どもがそれを見ながら取り組むとよいと書かれた指導書を目にすることがあります。一つずつ確かめて進めていくとていねいな洗い方ができるかとは思います。しかし，これらの日常生活の基本動作は習慣化し，手が自動的に動くようになって本物かと。また，力の入れ具合は手を取って伝えていくしかありません。

　視覚的援助（Q29）で述べたように写真カードを多用するのが今風。デジタルカメラ，カラープリンター，ラミネーターの普及で学校では写真カードを作成することは容易になりました。しかし，家庭はどうでしょうか。機器もなく，時間もなく，写真カードを作成することは難しい家庭が大半ではないのでしょうか。子どものために機器の購入を是非にと無理強いをすることはできません。また，自分が担任している間は家庭の分も作るから大丈夫であってはなりません。子どもの生活，家庭の生活は担任が代わろうが，学校が変わろうが連続しているという至極当然のことをどうも忘れがちです。昔ながらと思われるような支援法であっても，よいものはよいの精神は大事にしたいものです。

　子どもと一緒に入浴して，手を添えながら，モデルを示しながら，一緒にさっぱりしていくのもよいのではないでしょうか。

4章　清潔に関する支援　93

Q77 体洗いの用具

体を洗うのにはタオル，スポンジ，ブラシなどがありますが，子どもが一人で洗えることを考えると，どんなものを準備したらよいのでしょうか？

　体洗いを考える時にどうしても課題になるのが，なにを使って体を洗うかです。石けんを付けて泡立てること，背中を洗うこと，濯ぎをすることが課題となります。タオルは背中は洗えますが，手に収まりにくく洗いにくいし，濯ぎ，絞りが難しい。スポンジは手足は洗いやすいのですが，背中は洗えないし，濯いでも濯いでも泡が出てきます。ボディタオルは洗いやすいし，濯ぎやすいのですが，体をこすると痛い。いずれも帯には短かし襷にはながしの状態なのです。

　ここでお勧めしたいのがボール・ボディタオル（写真：MARNA 背中も洗えるシャボンボールアニマルミックス）です。ボディーソープのポンプ2押しで十分で，濯ぎも簡単です。写真のように，真ん中にくびれがあるので片手で持つことができます。背中洗いは上下に輪っか状のひもが付いていますので，タオルよりもずっと洗い易くなります。比較的柔らかい肌触りに出来ていますので，子どもが嫌がることはありません。また，写真はカエル（緑）ですが，アザラシ（青），ライオン（黄），サル（赤），と全部で4種類あり，体洗いが楽しいものになるようにお気に入りのものを選べます。同タイプで単色のもの（動物4種）や，飾りが付いていないハードタイプの男性用もありますので，子どもの様子に合わせて使い分けることができます。

Q78 風呂場の道具

お風呂にどんな道具を用意したり，今ある道具を改良したりすると，子どもが入りやすいお風呂場になるのでしょうか？

　洗い場の広さも考慮しないといけませんが，風呂椅子があると足を洗いやすくなりますし，立ったり座ったりの負担も少なくなります。また，床の冷たさを嫌がる子もいますので活用できればと思いいます。

　床の冷たさを気にするような時には風呂マットが役に立ちます。楽しい絵柄がたくさんありますので，子どもにとって楽しいお風呂にもなります。ただし，マットの厚みが段差となってつまずくことがないよう，洗い場の大きさ，浴槽の位置などから安全なものを購入するようにします。

　シャワーは頭のシャンプーを流したり，体の泡を流す時に使うことになりますが，シャワーヘッドを手元のボタンでシャワー・一時停水の切り替えがあるものに替えておくと，子どもにとってシャワーの操作がしやすくなります。また，シャワー噴射口の穴は小さなものにしておくと，水圧が柔らかになり，泡を飛び散らせることも少なくなります。シャワーフックも脱着可能なものがありますので，子どもが風呂椅子に座って手が届くところに追加しましょう。

　湯桶は掛かり湯をしたり，ボディータオルを濯いだりするのにあると便利ですので，直径30cmほどの子ども用湯桶を用意するとよいでしょう。

　蛇口にはハンドルレバー（写真：カクダイ　パドルレバー）を付けておくと，泡のついた手でも操作が容易になるので便利です。

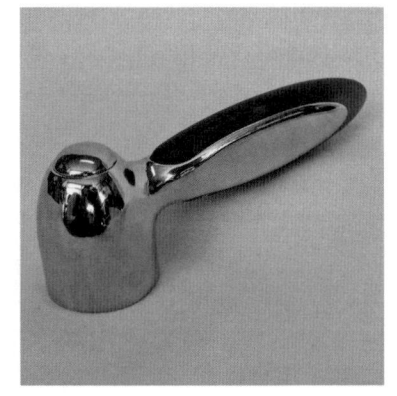

Q79 入浴のマナー

子どもに入浴のマナーを教える時に，おとなが注意しておかないといけないことはありますか？

幼い頃の居間で裸になってお風呂に直行する姿もかわいいものです。しかし，年齢が上がってくると，かわいいとばかりは言っていることができなくなります。また，学校行事や家族旅行などで宿泊施設の入浴施設に入浴する時にも困らないような基本的な手順を決め，毎日の入浴でも心がけておくようにします。

まず一つめは脱いだ物と着る物を区別する習慣です。それぞれの家庭で異なる部分が多いかと思いますが，脱いだ物を入れる脱衣籠と，お風呂を上がってから着る物を入れておく籠があると子どもにとってわかりやすくなります。脱衣籠は家族共通の大きな籠にして洗濯物を入れるようにします。学校から帰ってきてから体操服や給食袋などもその籠に自分で入れるようにします。お風呂上がりに着る物を入れる籠には，手順の一定化（Q53）でも紹介したように，着る順番に上から重ねておきます。この準備も親子で一緒に行い，着る順番を確認しておきましょう。

そして，二つめは洗い場での振る舞いです。湯船に飛び込まない，湯船でお湯の掛け合いをしないなどは常識の範囲として，入湯する前に掛かり湯をして陰部を洗うこと，シャワーは風呂椅子に座るか，中腰で掛かること，シャワーの水を強く出しすぎないことなどは家庭でのふだんの入浴の姿がそのまま出てしまいます。

また，入浴の途中でトイレに行きたくなる子もいますので，入浴前には必ずトイレに行くことも習慣にしておきたいものです。

Q80 体洗い

体の洗い方を教えるとき，どんなことに気を付けるとよいのでしょうか？

　子どもが洗いやすい手順を考えることから始めます。まずは子どもと一緒にお風呂に入ることの多い人の洗い方を基本形にします。しかし，実際に子どもとやってみて，子どもが洗いにくそうなところがあったら再検討してください。全身泡だらけになることで洗った部位を確認する小学部5年生の男の子のエピソードです。5年生になったので一人で入浴できるようにと練習することになりました。手順はとりあえず母親の手順で行うようにしました。母親の手順は体の上から下に向かって洗うやり方で［右腕→左腕→胸・お腹→背中→右足→左足→お尻］の順でした。この順に手を取って教えましたが，嫌そうな表情を浮かべるばかりでした。そこで，一人で洗わせてみると，［右腕前半分→左腕前半分→胸・お腹→右足前半分→左足前半分→右腕後半分→左腕後半分→背中→お尻→右足後半分→左足後半分］の，体の前半分を洗ってから後半分を洗う手順だったのです。さらに，右腕前半分から左足後半分の全身を洗い終えるまでは泡を落とすことがありませんでした。何かの弾みでお湯がかかってしまい泡が流れると，その部分を泡で覆うように洗い直すのでした。よくよく考えると，母親と一緒にお風呂に入っていた時は，母親と向き合って体の前半分を洗ってもらい，そして，向きを変えて後ろ半分を洗ってもらっていたのです。さらに，母親と泡だらけ遊びを楽しんでいたのです。男の子からすると，母親に洗ってもらっていた手順が体あらいの手順であり，そのまま体得していたのです。

　毎日の何気ない生活のひとコマのことですが，子どもは保護者のやり方をしっかり受け止めてくれているのです。幼いから，まだよくわかっていないようだからとせず，一人立ちをイメージした接し方がとても大切になります。

Q81 洗髪

髪の毛の洗い方を教えるとき，どんなことに気を付けるとよいのでしょうか？

　顔に水がかかることを怖がる子もいますので，顔を下に向けた状態で少しずつお湯を掛けて慣れるようにします。初めのうちはタオルを用意しておき，すぐに顔を拭いてあげてください。どうしても顔が濡れることがだめな時は，当面の策として，シャンプーハットを使いましょう。なかにはお湯を掛けられるタイミングがわからないために怖がっており，自分のタイミングで掛けることができれば全く問題のない子もいます。見えないところで何が起こっているかわからないことにとても不安を抱く子もいるのです。ちなみにフランスではおしり叩き禁止法案が提出されたほどなのです。ご注意ください。

　シャンプーは目に入ってもしみにくい子ども用シャンプーから始めます。容器がディズニーキャラクターやポケモンなどの絵柄になっていますので，お気に入りのものを使うとシャンプーも楽しくなります。子どもの手の平に少しとってあげて，洗い方を教えるようにします。子どもが一人で取り扱えるようにポンプタイプで泡になるシャンプーもあります。

　髪の毛の洗い方も手順を決めて教えていきます。最初は指が開かず，指先に力を入れることも難しいこともありますが，まずは手の動きを教えることにします。手を取り，一緒に動かします。そして，背向型プログラムにて手順の最後の方から一人でできるようにしていきます。

　濯ぎは風呂椅子に座って，頭を下げ，洗う時と同じ手順で泡を落とすようにします。最初のうちはおとながシャワーを持って手の動きに合わせてお湯を掛けるようにします。

Q82 歯磨き

虫歯にならないように歯磨きをできるようになってほしいと思っています。しかし，歯ブラシを口に入れることさえも嫌な子がいると聞きました。どうやっていくとよいのでしょうか？

　おとなは虫歯にならないようにと歯ブラシを使いますが，発達に遅れのある子どもにとってはわかりにくいことです。口の中に歯ブラシを入れることを嫌がる子どもには，まずは歯磨き用シート（Pigeon 歯磨きナップなど）で歯に付いた食べかすや汚れを拭き取ることから始めるようにします。そして，指サック式歯ブラシ（写真：PIPBABY ゆび de 歯ブラシ）へと移っていきます。その際に，歯ブラシを使う時のことを考え，ジェル状歯磨き（Pigion 親子で乳歯ケアジェル状歯みがきなど）を使い，歯磨剤に慣れ，口の濯ぎを含みうがいでやることも少しずつ取り組んでいきましょう。次に，仕上げみがき用歯ブラシ（Combi teteo はじめて歯みがき仕上げみがき用など）を使い，口の中にブラシが入ることへの違和感を減らしていきます。

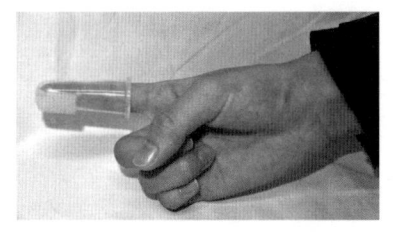

　口の中にブラシを入れることが大丈夫になったら，自分で歯ブラシを使って磨くことへと移っていきます。使い始めで口の奥深くを突いてしまわないかと心配になる時には，のど突き防止プレート付きの歯ブラシから始めてもよいでしょう。また，口の中で歯ブラシの向きを手首を使って変えることが難しいような時には円筒型で360度すべてにブラシがある歯ブラシ（STB ヒグチたんぽぽの種など）が役に立ちます。

　手順を教えていくには，磨く順番を決めて，おとなが手を添え，背向型プログラムにて手順の最後の方から一人でできるようにしていきます。その際，力の入れ具合や歯ブラシの動かし方も合わせて教えるようにします。

Q83 洗顔

顔を親が濡れタオルでふいていますが，子どもが一人で洗うようになれたらと思っています。どんなふうに進めたらよいのでしょうか？

　洗面台で顔を洗うことが多いので，洗面台の状況確認がまずは必要になります。洗面台の前に立ってみて，肘が洗面ボールよりも上に来るかどうかを確かめてください。肘が上に来ないような時には足台を用意します。流水よりも溜水が水を手ですくいやすいので，洗面ボールで水をすくいにくいようでしたら，洗面ボールの中に洗面器を置くようにします。加えて，子どもが手間取ることなくできるように，洗った顔をふくタオルの置き場なども考えておきましょう。また，顔を洗う時に袖口が濡れることで顔洗いが嫌になる子もいますので，長袖の時には袖をたくし上げたり，めくり上げたりする動作も教えます。ただし，この動きが難しいようでしたら，おとながたくし上げて，袖の上部を洗濯ばさみなどで留めて下がってこないようにします。

　そして，顔を洗うために水（湯）を洗面ボールや洗面器に貯めます。蛇口の操作が簡単になるように蛇口ハンドル（ニトムズ蛇口ハンドルレバーなど）を付けてもよいでしょう。また，顔を洗うには両手を丸くして合わせて水（湯）をすくう動作が必要になります。うまくすくえない子もいますので，お風呂や水遊びなどの機会を見つけて練習してみましょう。

　顔を洗う手順も分析をし，一定の手順で行うようにします。ただし，子どもと洗面ボールとの間が取れないために子どもの背後から身体促進を行うことが難しくなり，言語促進（Q27）が中心になります。そのため，最初のうちは細かな部位は言わずに，「大きく」「ゆっくり」などと手の動かし方について言語促進するようにし，全体の動きの流れをつかむことができるようにします。そして，おでこ，ほっぺた，鼻，口，あごなどの部位ごとにていねいに洗えるようにしていきます。

Q84 うがい

歯磨きのあと，食事のあと，外から帰ったあとと，うがいをする機会は多いと思います。子どもがうがいをできるようになるにはどんな方法がありますか？

　口に入れた水分はすべて飲み込んでもしまう子がいますので，その確認から始めます。口に入れた水分を飲み込んでしまう子でも塩水ならはき出すから塩水うがいから始めるとよいと耳にすることもあります。しかし，すべて飲み込んでしまう子は塩水でも飲んでしまいます。うがいが難しいようなときには，歯磨きの際に研磨剤を使わないなどし，飲み込んでも問題がないようにします。ある大学病院の口腔外科担当医から"歯磨剤は使わなくてもブラッシングをていねいにすれば虫歯にはならない"との話を聞いたこともあります。時には優先順位を考えてみることも必要です。

　また，うがいの必要性がわかりにくい子もいます。うがいの直前に牛乳を飲んだり，チョコレートを食べたりしておき，うがいをして口から出てきた水が汚れている様子をみせて，理解を促しながら進めてもよいでしょう。

　うがいはふくみうがい，ぶくぶくうがい，がらがらうがいの順で進めていきます。ふくみうがいは大さじ一杯から始め，量を，そして，含んでいる時間を少しずつ長くしていきます。ぶくぶくうがいは頬を膨らませたり引っ込めたり，口を開けたりする口の動きが必要になります。口で説明しても難しいので，おとなの動作を模倣して覚えていくことになります。そのため，相手の口周辺の動きに注目できるように，口の動きのまねっこ遊びなどをしておくとよいでしょう。がらがらうがいはのどを意識的に絞めておくことが必要ですので，幼稚園年中組くらいからできるようになります。少しずつ水を含んで，斜め上を見ながら「アヴァー」「ガァー」と言うことから始めます。斜め上を向きやすいように，洗面所の天井に好きなキャラクターのシールがあると，「シールをみて」との声かけで自然とあごが上がります。

Q85 手洗い

手が汚れた時だけなく，トイレのあと，外から帰ったあと，さらに，風邪予防，食中毒予防などと手洗いはとても大切です。子どもが手を上手に洗えるようになるにはどうしたらよいのでしょうか？

　手洗いはおとなでも繰り返し繰り返し長い時間をかけて洗う人もいれば，チャチャと数秒で済ませる人もいます。ドロドロに汚れていれば別ですが，子どもがこれできれいになったと実感できるように教えることはなかなか難しいものです。色つき石けん（サクラクレパスせっけんなど）で子どもの手にばい菌の絵を描いて，それを洗い流すような取り組みも子どもの様子に合わせて行うとよいでしょう。

　手順を教えていくには，まず，洗う順序を決めます。しかし，最初から細かなところまで洗うことは難しいので，［両手の平10回→左手の甲10回→右手の甲10回→指の間10回］のように主な部位を洗うことから始めるようにします。おとなが手を添え，背向型プログラム（Q30）にて手順の最後の方から一人でできるようにしていきます。その際，力の入れ具合も合わせて教えるようにしていきます。

　主な部位が洗えるようになったら，指先や手首も加えていきます。また，洗い終わったあとに汚れの有無を最初は一緒に確認し，汚れが残っていたら洗い直しをするように促します。

　蛇口の水量を調整することも教えていきますが，（Q83）でも述べたように，必要に応じて蛇口ハンドルを使い，子どもが一人で操作できるようにしていきます。

　長袖の時は洗顔（Q83）と同様に，袖口が濡れないようにすることも促します。

Q86 鼻かみ

幼いうちに鼻のかみ方を教えたいと思っています。まだ鼻から息を出すこともできません。どうしたらよいのでしょうか？

　子どもは鼻水が出ていることになかなか気付きにくいものです。鏡を見せて確かめたり，ティッシュペーパーで鼻水をふいたあとに乾いて気持ちよくなったことを伝えたりするようにします。鼻水が出ていることを決して叱らないようにしてください。子どもは叱られてもどうしてよいかはわかりません。鼻水が出ている時を絶好の練習の機会と思えるくらいのおとなの余裕が必要です。また，鼻づまりがひどく，鼻の通った感覚を持ちにくい子もいます。耳鼻咽喉科で診てもらったり，市販薬（ヴィックスヴェポラップなど）を使ったりして，できるだけ鼻がつまっていない状態にしておくようにすることも必要です。

　鼻をかむためには鼻の穴の片方ずつから息を出すことができないといけません。両方の穴から同時に息を出すと，鼻がでないだけではなく，頭が痛くなってしまいます。片方の小鼻を押さえて，口も閉じ，もう一方の鼻で息をすることから練習を始めます。鼻の中を空気が通っていく感覚を味わうようにします。その際，ティッシュペーパーを小さく丸めて鼻の穴に軽く入れ，飛ばすような遊びを一緒にやってみても面白いでしょう。

　鼻から息が出せるようになったら，かむ練習を始めます。この時もどんな手順でやったら子どもはやりやすいのかを考えます。最初はあまり上手に片方の穴から息を出すことができなかったり，ふき上げたりすることができなかったりすることが続きます。しかし，自分から鼻をかもうと思えるように，鼻をかんだら気持ちいいことを伝え，ほめていくことがとても大切になります。

Q87 爪切り

小学生4年生の男の子ですが，爪切りをしようとすると怖がるので寝ている間にしています。しかし，そろそろ自分で切ることができるようにと思っています。どうしたらよいのでしょうか？

逃げないようにとしっかりつかまれ，指先に得体の知れないもの（爪切り）がパチンパチンと音を立てる体験もあってか，爪切りを怖がる子は少なくありません。そのため，爪切りは怖くない，痛くないことをしっかり体感するところから始めるようにします。子どもを膝の上に乗せた抱っこの状態でまずはおとなの爪切りの様子を見せます。その際，大人用爪切りでは爪先が見えないことや音を怖がる子もいます。ベビー用爪切りはさみを使い，切れていく様子を子どもに見えるようにしてください。何が起こっているのかを子どもがまずは理解することが大切です。そして，子どもの爪を同じベビー用爪切りはさみで少し切ってはやめ，少し切ってはやめと，痛い，怖いと子どもが思わないようにします。

そして，子どもが爪切りに慣れてきたら自分で切ることにチャレンジします。しかしここで，おとなが"深爪をしないだろうか"と不安を抱いてしまいます。そこで，お薦めするのが Pigeon ベビーつめきり（てこ型）です。写真のように，子どもにも扱いやすい形で，深爪を防ぐ平らな刃先で，刃先の両側は丸く加工してあります。刃先が小さいので爪先もよく見えます。生後9か月から使用できますが，おとなの手の爪でも十分に切ることができます。背後から手を添えて一緒に切ることから始め，様子を見ながら，少しずつ一人で切るように進めていきます。

Pigeon ベビーつめきり（てこ型）

Q88 ブラッシング

小学校6年生の女の子の母親です。そろそろ髪の毛を自分で解かしてきれいにするようになってほしいと願っています。ブラッシングを教えるコツはありますか？

　ブラッシングの難しさは鏡を見ながらブラシを動かすことや，鏡では見えない部分を解かすことです。また，ブラシ，櫛の柄を持って動かすことが難しい子も少なくありません。

　まず，ブラシは柄のないブラシ（写真：TANGLE　TEEZER）を活用します。手の動きがそのままブラシの動きとなりますので，子どもにもわかりやすくなります。また，ソフトブラシですので，力の入れ具合が慣れずに痛い思いをすることもほとんどありません。外出時には携帯しやすく，柄のない昔ながらの半円形のつげ櫛もよいでしょう。

　手順を教えていくには，まず，解かす部位の順序を決めます。鏡で見える部分と見えない部分は分けて考えます。

　第1段階：鏡で見える範囲をおとなの手を添えて一緒に解き，鏡では見えない部分はおとなが解く，

　第2段階：鏡で見える範囲を子どもが一人で解いたあと，鏡では見えない部分をおとなの手を添えて一緒に解く。

　第3段階：鏡をみながら，一人で解く

　おとなが手を添える第1段階，第2段階はそれぞれ，背向型プログラムにて最後の方から一人でできるようにしていきます。その際，ブラシを動かす方向，回数，力の入れ具合も合わせて教えるようにしていきます。

Q89 生理

中学生になる知的な遅れと自閉傾向のある女の子の母親です。生理がもうすぐ始まるかと思っています。どんなところに気を付けておくとよいのでしょうか？

　子どもの理解の様子に合わせて進めていくことになりますが、"おとなになる準備として生理がはじまること""けがや病気ではないので心配はいらないこと""始まったら母親や学校の女の先生に伝えること"などを生理が始まる前段階で可能な範囲で教えておくようにします。

　また、自分で生理の手当をできるようになってほしいと思われるような場合は、子どもに自分の体の様子をわかってもらうことも必要になります。一般的には図を使って学びますが、図と自分の体を重ねて理解することは案外難しいものです。そのような時には、鏡に映して教えることも必要になるかもしれません。

　生理用品の機能や扱いについても理解が必要になります。ナプキンに実際に水を吸収する様子を見せるなどして、一つ一つ教えていきます。また、生理用品はポーチなどに入れておき、必要な時にだけ使うもので、誰にでも見せるものではないことも合わせて教えるようにします。

　そして、生理が始まったら、トイレ内でどうやってナプキンを交換するのか、どれくらいのペースで交換するのか、下着などが汚れていないかなどを、心配しなくてよいことや、ていねいに対応していくことも合わせて伝えながら一緒にやっていきます。

　もしも、子どもがカレンダーを使っての予定管理ができるような場合には、生理の間隔や、生理の期間などの生理周期を一緒に予測し、カレンダーに書き込むようにします。カレンダーを見ながら、衣服の調整をしたり、活動を検討したりすることが少しずつでも自分でできるようにしていきます。

発展資料Ⅲ －更に深めたい読者へ－

要求行動支援

○松原勝己・坂本　裕「音声による表出が困難な中学部生徒に代替・補助的コミュニケーション手段を活用したコミュニケーション支援の事例検討」九州ルーテル学院大学発達心理臨床センター年報，第3号，35頁－39頁，2004年

○坂本　裕・宮本知枝・島津理恵「音声言語での要求行動が困難な自閉症児に書字による要求行動を導入した一介入事例」岐阜大学治療研究紀要，第23巻，19頁－32頁，2001年

教員の専門性

○坂本　裕・守屋朋伸・沖中紀男「特別支援学校教員の専門性におけるコンセプチュアル・スキルへの関与要因についての探索的研究」発達障害研究，第35巻2号，161頁－167頁，2013年

○坂本　裕・一門惠子・沖中紀男　他「特別支援学校管理職専門性（コンセプチュアル）尺度の作成と妥当性・信頼性の検討」発達障害研究，第35巻4号，348頁－352頁，2013年

○守屋朋伸・沖中紀男・坂本　裕「特別支援学校において経験の浅い教員が継承したい，経験の浅い教員に継承してほしい専門性に関する一考察」岐阜大学教師教育研究，第8巻，93頁－98頁，2012年

○沖中紀男・坂本　裕・守屋朋伸「特別支援学校に勤務する講師の学校業務への意識に関する検討」岐阜大学教育学部研究報告（人文科学），第60巻1号，197頁－202頁，2011年

5章

食事に関する支援

Q90 家庭との連携

食器の操作，食べ方，偏食などと食事についても家庭と連携して進めていくことがたくさんあるかと思います。どのようにして連携していくとよいのでしょうか？

子どもの食事の支援を考えていく際にとても重要になるのは，親自身の食事にかかわる姿が子どもに色濃く表れていることが少なくないことです。

- ピーマンが嫌いとされた子は，母親がピーマンを嫌いなために家庭での食事で食べた経験がなかった。
- 食事中に歩き回るとされた子は，父親が食事中に歩き回る人だった。
- お箸の握り方がおかしかった子は，祖父と同じ握り方だった。
- 片膝立てて食べる子は，父親も片膝立てて食べていた。
- 食器に手を添えて食べない子は，両親ともに犬食いだった。
- 給食の味付けに馴染まない子は，母親が外国人で味付けが違っていた。

教師は給食の際に見られた子どもの姿から食事の課題や取り組みを考えようとします。しかし，子どもが教師と食事を共にするのは年間180回程度。家族と共にするのは900回程度。教師と出会う前から何千回と親と食事を共にしているのです。教師に見せた姿も真実の姿ではありますが，それがすべてではないのです。また，教師自身の食事のとらえ方，作法は絶対的なものではないとの自覚も必要になります。

加えて，子ども達にとって食事の時間が待ち遠しいものとなるよう，まずは，おいしく食事，楽しい食事に心がけます。そのうえで，学校での支援の限界を自覚しつつ，保護者の思いと教師の思いの一致を図っていくことがとても大切になります。

Q91 咀嚼

保育所の年中クラスの担任をしています。口の中にため込む子，うまく噛めない子がいます。どんなことを家庭と連携していけばよいのでしょうか？

　食事を口の中にため込む子やうまく噛めない子の中には，自分の食べたいペースと母親が口に入れるペースが合わずに育ってきた子がいます。口の中にまだ食べ物が残っているのに，母親に次から次に口の中に食べ物が入れられ，たまっている状態，噛まずにいる状態が習慣化してしまったようです。口の中の物がなくなってから，次のものを食べるように促していきます。

　また，最近は柔らかい食べ物が食卓に上ることが多くなり，どの子も噛む力が弱くなり，噛むことが下手になってきたと言われています。毎回の食事での配慮に加え，せんべい，煎り大豆，乾パン，スルメなどの噛み応えのあるおやつを準備してください。噛み切ることが苦手な子には魚肉ソーセージ，棒状かまぼこを食べて，前歯や犬歯で噛み切って食べる経験を重ねるようにします。

　なお，口の中にため込む子，うまく噛めない子は口を開けたままで食べていることが少なくありません。口を開けたままの食べ方が習慣化してしまわないように，口に入れる食べ物を少なくしたら，唇に軽く触れ，口を閉めて食べることを意識付けするようにします。

Q92 食器

子どもが使うコップやお皿を選ぶときにはどんなことに注意するとよいのでしょうか？

　子どものコップは持ち手の有無，軽重・素材などから考えていくことが大切です。日常使いでは，持ち手があり，軽くて割れにくい合成樹脂製の子ども用コップがよいでしょう。また，こぼれないように両手でしっかり持って飲むように，持ち手のない陶器の子ども用コップもあります（写真：aeru こぼしにくいコップ）。子どもの様子，目的に合わせて購入してください。

　また，下唇にコップを付けて傾けながら水分を口の中に入れることが難しい子は汁椀や湯飲みで練習します。日本の食文化として，汁椀は下唇に軽く乗せて傾けると汁が口の中に広がり風味とうまみを楽しむことができるように口縁の角度が計算されています。そのため，口縁がまっすぐのコップよりも汁椀や湯飲みの方が水分を口の中に入れやすく，コツをつかみやすくなります。

　子どもの皿は安定している重さやスプーンを返す縁があると，子どもが一人で食べることができるようになります。縁がある子ども用のお皿としてはユニバーサル・プレート（写真：山加商会）や，aeru こぼしにくい器があります。

Q93 スプーン・フォーク

これからスプーンやフォークの練習を始めようと思います。どんなスプーンやフォークを購入したらよいのでしょうか？

　誰でも使いやすいとの発想（ユニバーサル・デザイン）でデザインされたスプーンやフォークがたくさん販売されるようになってきました。

　幼児用のスプーン，フォークならば，ののじ上手スプーン，ののじ上手フォークがよいでしょう（写真：レーベン販売）。上手スプーンはサジ前面に縁があり，下唇を起点に食べやすくなっています。上手フォークは波々歯になっていて，すくいやすく，刺したものが落ちにくくなっています。また，歯先が丸くなっています。

　小学生からは同社製の，ののじUDシリーズがよいでしょう。右手用，左手用もあり，サジの口の当たる側が広くなっていたり，幼児用同様に口の中に入りやすい作りになっています。サジが幅広のライス用や，大型のカレー用もあります。パスタフォークは上手フォークと同じ波々歯です。

　また，手首の返しや保持が難しい場合には自助具付スプーンや自助具付フォークを活用します。青芳製作所のWill-4スプーン（写真），Will-4フォークはグリップが70℃の温水で何度も変形でき，操作しやすい形にできます。

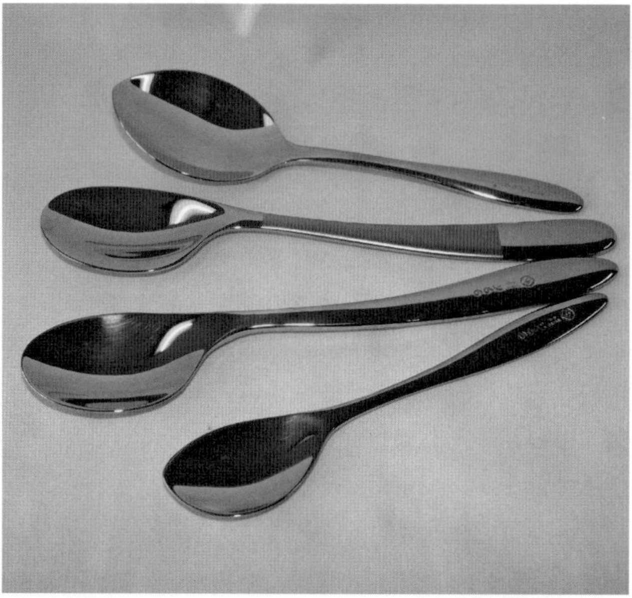

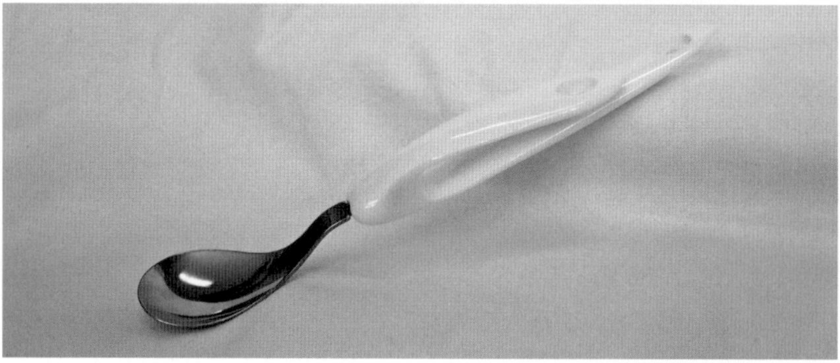

Q94 箸

子どもとこれからお箸の練習を始めようと思います。しかし、どうやって持たせるとよいのかイメージが持てません。どうやって教えるとよいのでしょうか？

　はさんで食べることを経験することから始めます。ポテトチップストングが活用できます。まずは，ポテトチップストングを使ってお菓子を食べてみます。ポテトチップストングはカラフルで楽しいデザインの物がたくさんありますので，興味を持って使ってくれます。おとながモデルとなるように先に食べる様子を見せて促します。上手に食べることができたことや，手が汚れないで食べることができたことをたくさんほめます。トングを持つ手はお箸の移行をイメージして，3点持ち（鉛筆持ち）にします。

　トングの操作に慣れてきたら，ピンセット箸を使ってみます。エジソンのお箸（写真：発売元㈱ケイジェイシー）が販売されています。2歳から7歳を対象としたサイズです。連結部で二本の箸が固定されていて，親指，人差し指，中指を入れるリングが付いています。右手用，左手用があります。箸先には滑り止め加工がしてあります。最初は上手く使えなくても，少しずつ使う時間を長くしていきます。

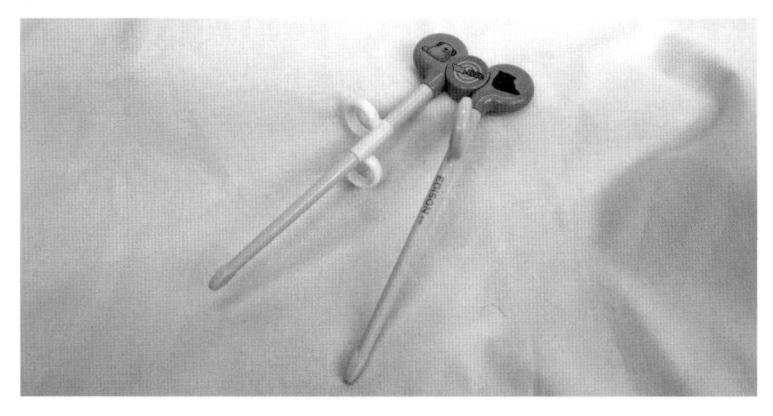

そして，子どもの様子をみながら，より一般のお箸に近づき，親指がリングからフックに変わるエジソンのお箸 KID'S やエジソンのお箸Ⅱ（写真）なども活用しながら，普通のお箸にと移っていきます。

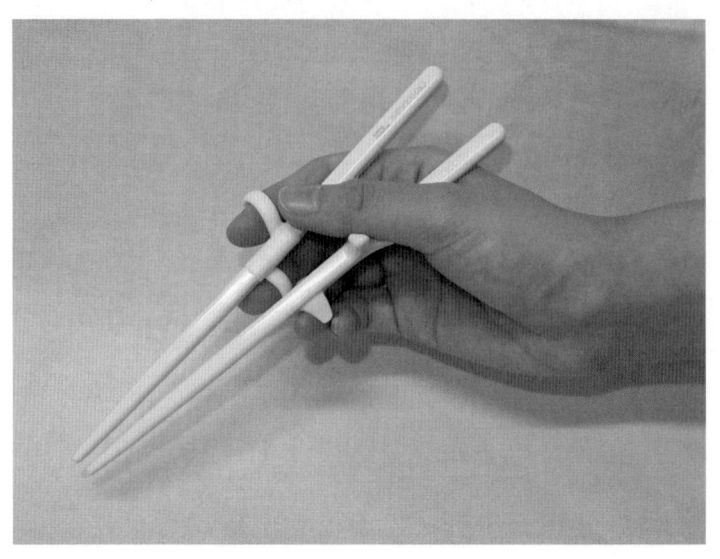

なお，箸の使い始めに，食べたいものを上手くはさめない状況が続くと，箸使い，さらには，食事が嫌な時間になっていきます。そのため，3 食ともに箸使いを求めず，ゆっくりと食べることができる時間を取ることができるいずれか 1 食からまずは始めるようにします。加えて，お箸ではさんで食べることができるように，子どもの分だけ，予め切り分けておいたり，ライスボールを作ったりするなどの保護者の努力も不可欠です。

Q95 食べる姿勢

子どもが食べる時に前屈みになって食べてしまいます。背中を伸ばすように言いますが，なかなかできません。どうしたらよいのでしょうか？

　背中を伸ばすと前屈みではなくなりますが，そのことをずっと意識していることはおとなでも難しいことです。そこで，自然と背中が伸びるように考えていきます。

　前屈みになっている子どもの様子をみると，テーブル椅子の高さがあっていない場合と，食器に手を添えたり持ったりすることなく，お箸（スプーン，フォーク）を持たない手をテーブルの下に下げている場合が多いようです。

　テーブルと椅子の高さがあっていないようでしたら，補助椅子やクッションを使って調整します。肘がテーブル面の高さになるくらいがよいでしょう。

　手を下にぶら下げて食べている子には，食器に手を添える，食器を口に持っていく動きを教えていきます。下がっていた手が食器の位置にくると，自然と背は伸びてきます。子どもが自分から食器に手を添えるようになるため，最初は横に座って食器を持つ手を食器の方に軽く促します。そして，食器に手を添えたり，持ったりして食べる姿がみられたら大いにほめます。

　そして，自分から食器に手が向くようになってきたら，忘れていそうな時に，その食器を軽く指さしします。すると，大抵の場合，気付いてくれます。

　食器に手を添える，持つことは習慣性のものですので，おとなが常に気を付けておきましょう。

Q96 袋開け

子どもが自分でお菓子の袋やふたを開けたがります。ちょうどいい機会なので開け方を教えたいと思います。どんなふうにやっていったらよいのでしょうか？

　自分でやってみたいという気持ちになっていることを大事にすることはとてもよいことです。しかし，慌てて失敗しないように，はやる気持ちを少し落ち着かせながらやっていきましょう。

　まず初めの段階はおとなが予め途中まで開けておき，袋や容器を持っていて，残りを子どもが利き手で最後まで開けるようにします。そして，予め開けておく度合いを徐々に減らしていきます。

　利き手で開ける動きが上手になってきたら，もう一方の手も袋や容器を持つようにします。そして，その手の上におとなの手を重ねて補助します。

　そして，両方の手の動きがバランスよくなってきたら，少し力を入れないといけない最初の封切りに挑戦します。力の入れ方のこつがわからないような時には，利き手にも手を添えて一緒に動かして教えるようにします。

　ここまで出来れば，あとは一人で任せてみてください。初めのうちはなかなか開かなかったり，力を入れすぎてこぼしてしまったりすることもあるでしょう。しかし，一人で開けることができたことをたくさんほめて，そして，こぼれたものを一緒に片付けるようにしましょう。

　最初から完璧にできる人はだれもいません。しかし，おとなはそのことを忘れがちです。できたことを一緒に喜ぶことを何よりも大切にします。

Q97 注ぐ・よそる

高等部の生徒の中にも，自分でご飯をよそったり，味噌汁を注いだりすることが苦手な生徒がいます。小学部の時から少しずつ練習したいと思っています。どんな工夫がありますか？

　何事も経験しないで突然できるようになることはありません。ご飯をよそったり，汁物を注いだりすることも，小さい時からの毎日の積み重ねがとても大切になります。しかし，最初からおとなと同じようにはいきませんので，道具の工夫などが必要になります。

　ご飯をよそるときに難しいのが，しゃもじにご飯が固まってたくさんとれたり，手首の返しが難しくて途中で落としたりすることです。スプーン・フォーク（Q93）で紹介したLEBENの"ののじしゃもじ"はヘラ部分がお椀状ですくいやすく，こぼれにくくなっていますので，取り組みの初めのうちは活用しながら，手首の動かし方などを覚えるようにします。また，炊飯ジャーや学校の炊飯保食缶から直接よそることが難しい子はボウルに移し替えたものからよそるようにしてもよいでしょう。

　汁物を注ぐときに難しいのは，おたまについだ量とお椀に入る量の調整です。おたまから少しずつお椀に注ぎ，おたまに残った分は鍋に戻すことは子どもには至難の業です。そのため，すくえる量の少ないおたまを使い，味噌汁は1回，カレーは3回などと回数を決めるようにします。おたまの操作は手首を返す動きがしゃもじよりも難しいので，初めのうちは背後から手をとって一緒にやり，動きを教えるようにします。そして，様子を見ながら徐々に一人でできるように手を離していきます。

Q98 待てない

家庭の食事，特に夕食の時に，どうしても待つことができずに，テーブルの上に出したものを食べ始めます。お腹が空いていることはわかっていますが，どうにかならないでしょうか？

夕飯を持ちきれないほどにお腹が空くことは健康な証拠でしょう。しかし，つまみ食いはあまり感心できません。このような時にまず確認することがいくつかあります。一つめは食事の挨拶をしているかどうかです。二つめはほかの家族も含め，味見と称してつまみ食いをしていないかどうかです。

食事の挨拶は立ち歩き（Q99）とも関係しますが，挨拶がない状況は子どもにとって，見通しが付きにくい状況になっています。いつ食べ始めて，食べ終わったのかがわかりにくいのです。子どもにすれば，母親が台所で夕飯を作り始めたら夕飯開始，自分がお腹いっぱいになったら夕飯終了と決めているかもしれません。もしも，食事の挨拶をしていないようでしたら，早速始められることをお勧めます。

次に味見。夕飯前の味見はとてもうれしいものです。しかし，そこは味見ですので，一口だけが暗黙のうちのお約束。しかし，発達に遅れのある子にとって，その暗黙のうちのお約束を理解することは大変難しいことです。もしも，家族みんなで味見をなさっていたのなら残念ですが，全面禁止としてください。

こうした家族の習慣ではなかった場合には，新たな習慣を作っていきます。"食べたらだめ"だけではわかりにくいので，"～したら食べていいよ"との取り決めを作るのです。例えば，お箸・取り皿を最後に出すようにして，この二つがテーブルに揃い，みんなで「いただきます」の挨拶をしてから食べ始めるようにします。こんな簡単なことでも，子どもにとっては食事場面の見通しが持てるようになるので，食事を待つような姿に変わってくることが期待できます。

Q99 立ち歩き

5歳の男の子です。食事中にどうしても立ち歩きます。呼んでも椅子に座らないので，最後は連れ戻しにいっています。保育所では座って食べているとのこと。どうしたらよいのでしょうか？

　待てない（Q98）と同じように食事の挨拶はしているか？　に加え，食事もメニューによって様子は変わらないか？，声かけをしても戻ってこないので連れ戻すのはいつものことか？　などの家庭の様子を確認します。

　子どもが立ち歩くと相談を受けた家庭では食事の挨拶をしていないことがほとんどです。子どもには食事の見通しが持ちにくいのです。さらに父親も立ち歩く家庭がありました。父親は酒屋の息子で，夕飯時にお客さんがあったら食事中断は常のこと。酒屋の跡取りではありませんが，幼い頃の家庭の習慣がそのまま残っていて，子どもはそれを真似していただけなのでした。

　メニューならば，パンやおにぎりなどの手でそのまま食べてもよい時に，食べながらふらっと立ち歩く子がいます。そんな子の場合には食事のメニューから手づかみでそのまま食べることができるものを減らしていきます。

　"呼んでも戻らない"は食事からは少し離れますが，子どもと保護者の関係でよくあることです。母親が「座りなさい」「戻りなさい」と言っている間は母親は決して連れに来ないのです。そして，それらのことばが止まったら，連れに来てくれるのです。簡単な声かけですが，子どもの行動から読み解くと，母親の「座りなさい」「戻りなさい」は子どもにとって「まだ遊んでいいよ。そのうち連れに来るから」の機能を果たしていたのです。こうした状況は発達に遅れのある子だから起こることではありません。朝から子どもを起こしている母親。最初にうちはやさしく「6時よ。起なさい」と声かけ。そして，だんだん声が大きくなり，7時になると，部屋まで行き，怒鳴って布団をはがすことに。この状況も「母親の声かけがあるうちは起きなくても間に合う。布団をはがされるまで寝ていられる」となっているのです。

Q100 手づかみ

3歳の自閉症の男の子で，そろそろ一人で食事の練習を始めようと思っています。最初は手づかみでいいかと思っていましたら，手づかみはやらない方がいいと聞きました。なぜですか？

障がいのない子どもの食事の自立にむけたスタートは"手づかみ"からになります。腕，肘，手首の動かし方が上手になり，お皿から自分の口までの距離感もつかんでいきます。そうしたことの積み重ねが手づかみに続く，スプーンやフォーク，お箸の操作の大事な基盤となり，おとなの食事へと向かっていきます。

しかし，ここで議論となるのが，発達に遅れのある子ども，なかでも，自閉症の子ども達への対応です。一度学んだやり方をリセットし，別のやり方を学び直していくことが苦手な子たちであり，排泄（Q41），衣類（Q63）でも述べたように，おとなになった時の姿をイメージしていくことが大事な子ども達なのです。手づかみで一人で食べているのに"手づかみはやめて，次はスプーンやフォークで"との促しに戸惑わないだろうか。"手が汚れないように"，とか，"もう赤ちゃんじゃないから"といった声かけで切り替えることができるだろうかと，子どもの受け止めの様子を思い描いてみることがとても大切になります。

発達に遅れのある子どものそのような学びの姿や，混乱への危惧から，発達の順序から考えると手づかみからスタートになるところを，スプーン，フォークからスタートするのです。そして，できる限り，食器を工夫したり，プログラムを工夫したりすることでスムーズに進めていきます。

しかし，スプーンやフォークから始めなければならないというものでは決してありません。子ども達それぞれの健やかな成長や発達を願って進めることが一番大切なのです。自分の子どもに合うのはどっちなのか。自分にとって納得がいくのはどちらなのかを考えてみてください。

Q101 こぼし

5歳の男の子です。食事中にどうしてもこぼしてしまいます。どんなところに注意したらよいのでしょうか？

　食事をこぼしてしまうのには，いくつか原因が考えられます。子どもの様子を一つずつ確かめて，その原因に対応します。

　まず，座り方はどうでしょうか。食事の姿勢（Q95）でも触れましたが，机，椅子が体に合っているでしょうか。足をぶらぶらさせて姿勢が崩れるような時には足台も用意します。また，体が机から離れて座っていないでしょうか。

　次に，食器はどうでしょうか。手を添えて，手で持って食べているでしょうか。手を添えても食器が滑るようでしたら，滑り止め機能のあるランチョンマットを食器の下に敷きます。お椀の持ち方はどうでしょうか。四本の指で底，親指で縁を支えているでしょうか。縁に指をかける持ち方ではひっくり返したり，こぼしたりします。食器をはじめとするいろいろな用具は正しい使い方をするとその機能を十分に発揮するように作られています。"きほんのき"を振り返り，実行するだけで多くのことが改善されてきます。

　そして，スプーンやフォークの大きさ，長さは子どもに合ったものでしょうか。スプーン・フォーク（Q93）でも触れましたが，スプーンやフォークで子どもの食事の姿は大きく変わります。子どもの口には入りきれないほどに大きなスプーンを使っていれば，どうしてもこぼしてしまうことになります。日本と違って汁物をすすることのない食文化から使われるようになったスプーンは食べ物を乗せたまま口に入れて食べることができる作りになっています。子どもの口のサイズにあったスプーンやフォークを用意してください。また，スプーンやフォークの扱いがまだ難しいようでしたら，（Q93）に示したようなユニバーサルデザインの視点から作られているものを使ったり，手を添えて動かし方を教えたりしてください。

Q102 口ふき

食事中や食事の後に，自分から口のまわりをふくことができるようになるには，どんなことに気を付けるとよいのでしょうか？

　幼いうちは口のまわりの汚れも愛嬌で済みます。しかし，小学生になった頃から，本人の衛生だけではなく，周囲から不潔そうに見られ，その関係も気まずいものになりがちです。そのため，自分で汚れに気付いて，ふくことができるようになることはとても大切なことの一つになります。

　しかし，おとなは口のまわりに何かが付くとすぐにわかりますが，子どもはよだれが出ていたり，自分で確かめることができないところであったりして，なかなか気付くことができないものです。そのため，おとなの感覚で汚れたままにしていると子どもを叱っても仕方ありません。ふくことができたことをほめ，気持ちよくなったことを伝えるようにしていくことがとても大切になります。

　まず大切にすることは，食事の時だけではなく，いつも口のまわりをきれいにしておくことです。よだれが出ている状態や汚れている状態が続いていると，食事の時にだけ汚れを気にするようにと望んでも難しいことになります。いつもきれいな状態を保ち，そのことを子どもに伝えます。

　また，口のまわりの汚れは"ぬぐい取る"よりも"ふき取る"動きになりますので，子どもには難しくなります。鏡に映した顔を一緒に見ながら，指先を使ってふき取っていくことを教えるようにします。

　口のまわりをふき取るものとしては，ティッシュペーパーやミニタオルがよいでしょう。ティッシュペーパーはふき取った汚れを子どもも確認しやすいので重宝します。しかし，ふいたものをほったらかしでは困りますので，捨てるところまで教えるようにします。また，外出先での対応を考えると，ミニタオルでふき取ることも機会を見つけて教えていきます。

Q103 適量

自分の食べきれる分量を考えて食べることができるように教えることはできますか？

自分に適した分量を決めることはおとなでも難しいことです。しかし，日々の生活の中で積み重ねながら養っていく感覚ですので，できるところから始めるようにしましょう。

まず，子どもにとって身近なこととしては毎日のおやつがあります。菓子袋をそのまま渡すことなく，お皿などに取り分けたり，食べる数を決めたりするようにします。初めのうちはおとなと一緒に決めるようにして，次第に一人で決めるようしていきます。お菓子の適量を考えることは難しいこともありますが，いつの間にか気付かぬうちに全部食べていたということだけにはならないようにします。

また，ふだんの食事で，大皿から取り分けるような時には，おとなが取った量を見せながら，ほかにも食べるものがあるので，欲しい分よりも少なめに取るように教えます。ご飯のお代わりなども，欲しい分よりも少なめにしておき，食べてからまた考えるように促します。

外食の際にはうれしいこともあって，食べきれないほどに頼んでみたり，大盛りを欲しがったりすることがあります。セットメニューや定食から選ぶことから始め，自分の食べきれる量がわかるように経験を重ねていきます。

Q104 選択

自分で食べたいものを決めることができるようになってほしいのですが，どうしたらよいのでしょうか？

"本人参加と自己決定"というととても大それたことのように感じますが，自分の食べたい物を決めることも立派な"本人参加と自己決定"です。そして，幼いころからのそんな経験が，大きくなってからの大事な決定へとつながっていきます。ただし，成功経験の積み重ねが大切になりますので，おとながていねいに対応していくことがその実現の鍵になります。

まずはおやつの場面がわかりやすいでしょう。ただし，おやつを"食べる・食べない"の選択ではありません。子どもが食べたいものを選ぶのです。例えば，今日のおやつがお煎餅だったとしたら，"塩味・醤油味・りんかけ・青のり…"，コーンフレークなら"プレーン，シュガー，チョコ，イチゴ…"から「あなたはどれがいい」と子どもに選択権を委ねるのです。なお，最初のうちは子どもが選びやすいような工夫が必要です。選択肢は三つから始めます。二つではチャンスレベルが50％になりますので，好きなものを選んでいるのかがわかりにくくなります。そして，三つのうちに選びたい（好きな）ものが一つしかない設定，三つのどれを選んでもいい設定などを子どもの様子に合わせて考えます。そして，選択肢を徐々に増やしていきます。食事でもジャム，カップ麺などは数種類用意しておきましょう。

外食ではもっと多くの中から選ぶことになりますが，メニュー表の写真を見て欲しいものを選ぶのが難しい子もいます。そんな場合には，自分の食べたいドーナッツを直接取ったり，指さしたりすることができるミスタードーナッツから始めてみてもよいでしょう。

いずれにしても，小さな選択を繰り返し，積み重ねていくしかないのです。自分が選んだ方が早いと，おとなが決して短気になってはいけません。

Q105 偏食

担任している4年生の女の子が決してご飯を食べようとしません。ふりかけをかけても，どんぶり物にしても食べません。どうしたらよいのでしょうか？

　子どもの偏食の原因は多種多様ですので，子どものそれぞれの状況に合わせながら考えていくことが基本となります。なお，理由を問わない一方的な厳しい食事（偏食）指導を受けたために，この人とは食べない，学校では食べないと感情のもつれが生じている子も少なくありません。"食事は楽しく"を基本にしながら，対応を考えていくことがとても大事になります。

　食べたことのない物を嫌がることは決して悪いことではありません。何でも口にしてしまう子の対応の方が難しくなります。母親の嫌いな食べ物が家庭の食卓に上らないことに影響を受けていることも少なくありません。食の幅が広がることの楽しみをベースにしながら，味見から始め，少しずつ食べる量を増やしていきましょう。

　また，ゆで卵のような飲み込みにくいものや，こんにゃくのようなかみ切れないものを嫌がる子もいます。水分と一緒に取ったり，細かく切ったりするなどの配慮をしていくことで食べることができるようになっていきます。

　そして，臭い，食感，形，メーカーなどへのこだわりから偏食になっている子もいます。本人なりのルールがあるので，そのルールを紐解いてみます。そのうえで，偏食に対応するのか，そのままでいいのかどうかを考えます。

　なお，洗髪（Q81）でも触れましたが，偏食の場合も，案外，本人に任せると食べてくれることがあります。おとなが"食べなさい"と用意したものを食べない子でも，自分で食べる品，量を決めると食べることがあります。まったくご飯に手を付けなかった子が自分でよそるようにすると，自分のよそった分は食べるのです。ただし，ついだ分が少ないと継ぎ足したり，食べることができたのならもう一口とせっついたりすることだけは厳禁です。

Q106 時間

幼稚園の5歳児クラスを担当しています。給食を飲み込むように早く食べてしまう子と、終わり時間まで食べきれない子がいます。それぞれにどのように対応したらよいのでしょうか。

食べる時間が早過ぎても、遅すぎても困るもので、難しいところです。

食べるのが早すぎる子は食欲旺盛な場合もありますが、食べ方からそうなっていることが少なくありません。"一度にたくさんの量を口に入れ、十分にかまずに飲み込んでしまう"子どもがいます。一度にたくさん口に入れないように、おかずは食器ごと口に持って行かず、お箸やスプーン、フォークで取って口に運ぶこと、お箸やスプーン、フォークを持っていると次を入れたくなるので、口に入れたらお箸やスプーン、フォークを置くことを促し、数字を唱えるなどして噛む回数を意識するようにします。ただ、早食いの子の場合は往々にして家族みんなが早食いのことがあります。園だけではなく、家庭での食事の様子も聞きながら一緒に進めていきます。

食事に時間がかかる子は食が細い場合もありますが、食事以外に気が散り、食事に向かう気持ちが飛び飛びになっていることがあります。まずは"園庭や道路が見え、外の様子が気になる""金魚の水槽などが気になる""同じテーブルにお話し相手がいる"ような席になっていないかを確認します。気になるようなものは見えないようにし、テーブルのメンバーも考えます。また、途中で手遊びを始めるような時には、食事の量が多すぎないかを確かめます。そのうえで、待てない（Q98）、立ち歩き（Q99）でも触れましたが、決まった間に食べることを意識づけるように、食事の挨拶の意味に沿い、「いただきます」で食べ始め、「ごちそうさま」で食べ終わることをきちんと行うようにします。

Q107 外食

子どもが小学生になったので，ファミリーレストランで食事をしてみようかと思っています。どんなことに注意しておいたらよいのでしょうか？

　家族でのファミリーレストランでの外食は楽しいものです。そんな楽しさが子どもにも伝わるようにしていきます。

　まずは，レストランの店舗を決めます。雰囲気（賑やか・静か），装飾（派手・地味），BGM（有・無），客層（学生・家族），メニュー（子どもが好きそうなものがあるか）などについて，"いろいろな刺激があった方が料理を待つ間などに気が紛れる"それとも"刺激がありすぎると落ち着かなくなる"と言ったように考えていきます。すべてが子どもに合う店舗はないでしょうが，事前に検討しておくと安心して出かけることができます。

　次に，候補に決めたレストランのホームページのメニューを印刷します。子どもと一緒に見ながら，美味しそうなものがたくさんあること，自分の食べたいものを頼んでいいこと，家族みんなで出かけることなどを話し，心待ちにできるような雰囲気作りをします。また，マークなどに興味がある子にはレストランのシンボルマークを見せ，実際に出かけた時にマークで確認して安心できるようにします。出かける日が決まったら，お店に子どもが初めて利用することを電話で伝え，席の予約ができるならば，トイレに近く，ほかの客があまり頻繁に通らない席をとってもらいます。

　当日は不安なこともあるかもしれませんが，保護者の不安を子どもは敏感に感じます。家族みんなで食事に行く楽しさを伝えるようにします。

　実際にメニューを見ながら食べるものを選ぶ時には，家で見たメニューも合わせて見せ，食べたいと言っていたものを指さしながら教え，安心して選ぶことができるようにします。料理が出てくるまで時間がかかる時は，いつも読んでいる絵本などを持参しておき，静かに待てるようにします。

Q108 温かな食事

中学部1年生の男の子です。中学生になったので，土曜日のお昼など親が居ない時には自分で作って食べるようになってくれればと思っています。何かヒントをいだだけますか？

　調理を"買い物をして，洗って，切って，炒めて…"と一とおりのことを一人で出来るようにと考えてしまうと，いつ出来るようになるのやらと思ってしまいます。しかし，今回のお尋ねのように，親の居ない土曜日のお昼を自分で何とかできるようになることもとても大切なことです。

　こんな時に重宝するのが，電子レンジに入れて加熱するだけでできるレトルト食品です。25年ほど前から販売されていて，その種類もパスタ，リゾット，カレー，焼飯などと豊富にあります。水を入れるものもありますが，加熱時間を読み取ってセットすれば出来上がり，温かな食事を口にすることができます。そして，カップ麺も同様に重宝します。お湯を電気ポットで沸かして注ぐだけでよいのです。

　同様の発想から，ファストフード，弁当屋，コンビニエンスストアなども大いに活用したいものです。お腹が空いたときに，親が帰ってくるのを待ったり，冷めた食事を食べたりするのではなく，手軽に作ったり，買ったりした温かな食事でお腹を満たすことができるようになるのはとても大切なことです。

　調理への取り組みはまず，簡単に手軽に出来るものから始めてみて，そこから生まれた自信や興味を大切にして，本格的な料理に挑戦していくこともよいかと思います。

Q109 コンビニ

家の近くにコンビニエンスストアができました。お使いなどの簡単な買い物ができるようになってくれると助かります。どんなことから始めるよいのでしょうか？

　コンビニエンスストアはいずれのチェーン店でも店内の配置は基本的には同じになっています。入り口を入ってすぐにレジカウンター。その奥のゴールデンラインにおにぎり，サンドイッチ。レジカウンター反対の奥にドリンク棚と。一つの店舗で流れをつかむとほかの店舗でもほぼ応用できます。

　初めに，店内の配置を知り，買い物の手順が分かるように，一緒に買い物に出かけるようにします。入り口を入ったらまずは買い物カゴを取るようにします。必要のないことがほとんどかと思いますが，たくさんの商品を買った時に慌てないための用心です。お店の中をひと通り見て回り，その日のおやつを1個買います。そして，レジに行き，支払いをします。支払いを学校の授業風に考えると，釣り銭がないように揃えて出さねばと思ってしまいます。しかし，実社会では支払額より高額を支払って釣り銭をもらう概算払いが多いのではないでしょうか。概算払いでよければ，多くの子ども達が一人で買い物ができるようになります。そして，お釣りとレシートを確実に財布に入れてなくさないように教えます。なお，バスや電車はカード払いになっているので，電子マネーの活用も検討してよいかと思います。

　店舗の利用に慣れ，顔なじみの店員さんができたら，一人でその日のおやつを買いに行くようにします。買いすぎることがないように1個と約束しておきます。買い物をする機会の多い子はまた買えると思うのか，欲張ってたくさん買ってしまうことはほとんどないようです。

　そして，母親から頼まれた物を買いに出かけるようにしていきます。ただし，買う物をメモして渡したり，空き箱を渡したりして，見つけやすく，また，困った時に店員さんに尋ねやすくなるような手立ては必ず行います。

Q110 自販機

ドリンクの自動販売機が街中に沢山あるので、喉が渇いた時などに自動販売機を使って自分の好きな飲み物を買えるようになってくれたらと思います。どんなところに配慮するとよいのでしょうか？

　ドリンクの自動販売機は至るところにありますので、コンビニエンスストア同様、活用していきたいものです。

　自動販売機を使う時に考えなければならないのが、購入金額を不足なく投入できるかと、投入口に硬貨を入れることができるかの二つです。

　自動販売機のドリンクもディスカウントにさらされて50円で買えるものも出てきましたが、大半は100円から200円の間。コンビニエンスストアの支払い（Q109）でも述べましたように、お釣りを取り忘れないならば自動販売機でも概算払いで対応できます。つまり、百円硬貨2枚か五百円硬貨1枚を入れれば必ず買えるのです。出かける前に財布に百円硬貨と五百円硬貨を入れておけばほとんど対応できます。購入額を合わせてちょうどの小銭を投入して買えるに越したことはありません。しかし、それが出来ないことを理由に子ども達の生活の範囲を狭めるようなことがあってはならないと考えます。

　投入口への硬貨の投入は硬貨を横に向けて入れます。縦よりも入れやすいのですが、初めのうちはおとなと一緒に購入して、その使い方に慣れるようにします。なお、車いす対応の自動販売機では硬貨受けにまとめて投入すると投入口に流れていくようになっていますし、ユニバーサルデザインの視点から投入口に小銭受けが付いているものも増えてきました。

　自動販売機は商品見本を見て購入できるので子ども達にわかりやすい状況となっています。しかし最近、液晶画面に異なる画像が必要に応じて映し出される自動販売機も導入されています。このタイプには、子ども達が戸惑うかもしれませんので、新たな手立てが必要になりそうです。

あ と が き

　少子化への対応が大きな課題となっているわが国の学校教育において，特別支援学校，特別支援学級に在籍する子ども達は増加の一途を辿っています。これに呼応して，特別支援学校や特別支援学級を担当する先生も増加しています。しかし同時に，特別支援学校や特別支援学級の経験の浅い先生も増え，特別支援学校教諭免許状を保有しない先生が特別支援学校で3割弱，特別支援学級で6割強にもなっています。

　今と似たような状況が1979年の養護学校義務化の折にも生じました。その状況に際し，この教育の先達である山口薫先生は「特殊教育，特に知的障害教育は，専門的技術を体得した先輩教員が経験浅い教員に伝承することで専門性が保たれてきた。しかし，在籍児童生徒の増加に伴う教員の増加によって従来の方法は困難であり，科学的な指導技術の研究が必要である」旨の指摘をなさっています。

　本書で示した身辺処理支援の知識・技術の多くは，私が義務化直後の養護学校に勤務したこともあり，多くの先輩の先生方から伝承していただいたものです。

　特別支援学校や特別支援学級に経験の浅い先生方が再び増加している今このときこそ，山口先生ご指摘の科学的な指導技術の研究には至りませんが，本書を通し，私が多くの先輩の先生方から受け継いだ知識・技能を，これからこの教育を担っていかれる多くの先生方にお伝えできればと思っております。

　2014年卯花月

　　　　　　　　　　　　　　　　　　　　　　　　　　　坂本　　裕

【著者紹介】
坂本　裕（さかもと　ゆたか）
岐阜大学大学院教育学研究科准教授　博士（文学）
臨床心理士　ガイダンスカウンセラー　上級教育カウンセラー

主な著作・論文
監修『特別支援学級はじめの一歩』明治図書出版．2010年．
編集代表『特別支援教育を学ぶ（第2版）』ナカニシヤ出版．2008年．
「特別支援学校教員のバーンアウトへの関与要因についての探索的研究」特殊教育学研究．第51巻3号．2013年．
「特別支援学校におけるアレルギー疾患に関する調査研究」発達障害研究．第34巻4号．2012年．
「特別支援学校教員の専門性におけるコンセプチュアル・スキルへの関与要因についての探索的研究」発達障害研究．第35巻2号．2013年．
「特別支援学校管理職専門性（コンセプチュアル）尺度の作成と妥当性・信頼性の検討」発達障害研究．第35巻4号．2013年．
「高等学校入学者選択における障害のある受検生への合理的配慮に関する情報公開についての研究」発達障害研究．第36巻2号．2014年．

遅れのある子どもの身辺処理支援ブック

2014年6月初版第1刷刊	©著　者	坂　本　　　裕
2023年8月初版第7刷刊	発行者	藤　原　久　雄
	発行所	明治図書出版株式会社

http://www.meijitosho.co.jp
（企画）及川　誠（校正）斉藤三津男
〒114-0023　東京都北区滝野川7-46-1
振替00160-5-151318　電話03（5907）6704
ご注文窓口　電話03（5907）6668

＊検印省略　　　組版所　株式会社明昌堂

本書の無断コピーは、著作権・出版権にふれます。ご注意ください。

Printed in Japan　　　　　　　ISBN978-4-18-163913-6